Leiwig · Deutschland Stunde Null

Anflug über Hannover-Vorstadt – 18. April 1945

Heinz Leiwig

Deutschland Stunde Null

Historische Luftaufnahmen 1945

Motor buch Verlag spezial

Einbandgestaltung: Katja Draenert

Eine Haftung des Autors oder des Verlages und seiner Beauftragten für Personen-, Sach- und Vermögensschäden ist ausgeschlossen.

ISBN: 3-613-02477-2

Spezialausgabe: 1. Auflage 2005

Sie finden uns im Internet unter:
www.motorbuch-verlag.de

Reproduktion: Tobitron GmbH, 70839 Gerlingen
Druck und Bindung: Henkel GmbH, 70435 Stuttgart
Printed in Germany

Vorwort

Heinz Leiwig konnte am Anfang der 80er Jahre vom amerikanischen Luftwaffenoffizier Dean Russel Krause eine komplette Kriegsluftbildsammlung samt zugehöriger Findhilfen übernehmen. Es ist der Verdienst von Heinz Leiwig, diese einzigartige Sammlung der Öffentlichkeit zu präsentieren, um so die Erinnerung an das Leid und die Zerstörungen in Folge des Luftkrieges über Deutschland wach zu halten.
43 Jahre nach Ende des 2. Weltkriegs in Europa brachten Heinz Leiwig und der Motorbuchverlag das Buch „Deutschland Stunde Null“ heraus. Vier Jahre später, veranlasst durch die Wiedervereinigung, folgte ein weiteres mit Schwerpunkt Neue Bundesländer. Mit den beiden Werken „Deutschland Stunde Null“ waren erstmals Hunderte von gestochen scharfen und noch dazu vom Verfasser anschaulich aufbereiteten Kriegsluftbildern für den interessierten Leser verfügbar. Die in den beiden Bänden gezeigten Luftaufnahmen präsentieren vornehmlich Bilder, die gegen Ende des Krieges von den US-Aufklärungseinheiten gefertigt wurden.
Nach dem Erscheinen dieser Bücher übergab Heinz Leiwig die Sammlung an die Luftbilddatenbank Würzburg. Das Unternehmen befasst sich mit der archivarischen Aufbereitung sowie mit der systematischen Recherche nach bisher noch nicht in Deutschland verfügbaren Kriegsluftbildern.
Etwa zeitgleich mit dem Erscheinen von Leiwigs „Deutschland Stunde Null“ wurde das im Zuge der Luftaufklärung gefertigte Bildmaterial von Planung und Wissenschaft weit umfangreicher und systematischer genutzt als in den Jahren zuvor. Die sogenannten Kriegsluftbilder stellen für die Zeit des 2. Weltkrieges ein einzigartiges historisches Zeugnis dar. Im Hinblick auf aktuelle planungs- und umweltrelevante Problemstellungen beinhalten sie noch heute ein unschätzbares Informationspotential. Für die verschiedensten Fachbereiche und im Rahmen der unterschiedlichsten Aufgabenstellungen stehen zu fast allen Gebieten Mitteleuropas Kriegsluftbilder zur Verfügung. Anwendung finden diese besonders in der Altlasten- und Kampfmittelerkundung, da Kampfmittel aus dem 2. Weltkrieg immer noch ein nicht zu unterschätzendes Gefahrenpotential darstellen.
Die von Herrn Leiwig sorgfältig ausgewählten Luftbilder geben schonungslos die Begebenheiten in Deutschland zur Zeit des 2. Weltkrieges wieder und bilden damit ein Zeugnis des Krieges, in dessen Folge Deutschland geteilt wurde. Es ist nur konsequent, nach der Wiedervereinigung Deutschlands die beiden Bände „Deutschland Stunde Null“ im Rahmen einer Neuauflage zusammenzufassen.

Dr. rer. nat. Hans-Georg Carls
Luftbilddatenbank Würzburg
Ing. Büro Dr. Carls

Inhalt

Fotoaufklärung der USAF und RAF im Zweiten Weltkrieg

Die in diesem Band gezeigten historischen Luftaufnahmen stammen alle aus der Endphase des Krieges, beziehungsweise aus der Zeit kurz nach der Kapitulation der Deutschen Wehrmacht 1945.
Bis zum Ende des Zweiten Weltkrieges hatte die alliierte Luftaufklärung einen langen, mit Erfolgen und Rückschlägen abwechselnden Weg hinter sich.
Schon im Jahre 1929 begann das britische Nachrichtenwesen mit der Sammlung von Luftaufnahmen über dem Deutschen Reich. Ergänzt wurden die Luftbilder durch eine umfassende Sammlung von Stadtplänen, Landkarten, Werbebroschüren der Verkehrsvereine und hauptsächlich von Werksaufnahmen deutscher Betriebe. In den dreißiger Jahren reisten Legionen von Nachrichtenfachleuten der Alliierten – als Touristen getarnt – nach Deutschland, um für die Luftbildauswertung fündig zu werden. Bis 1941 hatte das damit betraute Ministerium für Wirtschaftsführung in England rund 2400 wichtige Objekte in Deutschland erschlossen.
Eine besondere Rolle bei der Beschaffung von Luftaufnahmen hatte der für seine Dreistigkeit bekannte Australier Sidney Cotton inne, der als Zivilist im Dienste der RAF kurz vor Kriegsausbruch im Jahre 1939 mit seiner enteneifarbenen Lockheed 12 A, bestückt mit drei Kameras, über Deutschland flog und künftige Angriffsziele der RAF fotografierte. Mit seiner Scheinfirma Aeronautical Research and Sales Ltd. vertrieb er Farbfilme in Deutschland und durchstreifte ungehindert den deutschen Himmel auf der Suche nach Rüstungsbetrieben. Nach Kriegsbeginn baute er die ersten Kameras in die bis zu 720 km/h schnelle Spitfire ein.
1940 begann die RAF mit dem Aufbau und der Reorganisation einer Luftbildaufklärungseinheit. Trotz in der Anfangsphase

auftretender technischer Probleme – die Filme rissen in den Kameras in 9000 Meter Höhe, und eine dicke Eisschicht bildete sich auf den Fotolinsen – wurde die Luftaufklärung bis zum Kriegsende zur Perfektion entwickelt. Verbesserungen in der Qualität der Kameras – größere Rollfilmmagazine mit 120 Bildern, bessere Lichtstärke der Objektive, elektrisch beheizte Kamerahüllen – gestatteten scharfe Aufnahmen aus 13 000 Meter Höhe mit Objektiven bis zu einer Brennweite von 1,5 Metern.
Ohne den persönlichen Mut und den furchtlosen Einsatz der Piloten der Aufklärungseinheiten hatten selbst die Hochleistungsobjektive des Leiters der amerikanischen Fotoforschungsabteilung George W. Goddard keine Chance. Auch die 23 Kilogramm schwere Blitzlichtmagnesiumbombe mit gleichzeitiger Kameraverschlußauslösung und die verschlußlose Kamera für Trefferaufnahmen waren ein Werk Goddards.
Während des Krieges entwickelte Harold Edgerton ein superstarkes Röhrenblitzgerät, mit dessen Hilfe amerikanische Aufklärungsflugzeuge Luftaufnahmen auch bei Nacht machen konnten. Während der frühen dreißiger Jahre begann die Firma Fairchild mit der Produktion der sog. „K"-Serien von Kameras für die Luftaufklärung.
Mit T 5 Kameras filmten die Amerikaner zu Beginn des Krieges. Ab 1943 stand die vollautomatische, elektrisch gesteuerte Fairchild K-17 mit ausgezeichneten Weitwinkel-Objektiven und solchen mit größerer Brennweite zur Verfügung, die aus großer Höhe ausgezeichnete Bilder lieferte, mit 250 bis 260 Aufnahmen je Film. Diese Kamera kam in vielen Variationen zum Einsatz. Als Filmmaterial wurde ein 9,5 oder 7 inch-Film verwendet. Sie lieferten Bilder in den Formaten 9 × 9, 9 × 18 und 5 × 5 inches. Den in dieser Bilddokumentation gezeigten Aufnahmen liegt Filmmaterial im Format 9 × 9 inches = 228,6 × 228,6 Millimeter zugrunde.
Aus 20 000 Fuß Höhe deckte eine eingestellte „Fairchild" mit dem 9 × 9 inch-Film eine Fläche von 2,5 × 2,5 Meilen im Maßstab 1:10 000 ab.
Die von den Briten verwendete F-24-Kamera wurde von der USAF als K-24 ebenfalls benutzt. 9000 solcher Kameras waren in den Luftaufklärern der USAAF eingebaut.
Mit drei Kameras, meist Fairchild K-17-Kameras in der Kanzel, war die „Foto-Lightning" das beliebteste Aufklärungsflugzeug in der USAF. Ein Großteil der Aufnahmen in diesem Werk stammt von Lightnings. Eine Kamera der Lightning trug ein Weitwinkelobjektiv, die beiden anderen waren mit Teleobjektiven ausgestattet. Mit ihnen war die Lightning in der Lage, Vertikal- (Senkrecht-) und Schrägaufnahmen zu schießen.
Bei Kriegsende konnten sich die Fotoaufklärer ihre Flughöhe für jeden gewünschten Auftrag selbst bestimmen.

Die deutsche Flugabwehr war weitgehend ausgeschaltet – auf Einzelmaschinen durfte die Flak schon seit 1944 nicht mehr schießen, und nach Kriegsende hatten die Aufklärer sowieso freien Flug.

Die Vertikalaufnahmen in diesem Werk sind aus 20 000 bis 22 000 Fuß (6561–7217 Meter) Höhe; die Schrägflugaufnahmen aus 800 Fuß (262 Meter) Höhe aufgenommen.

Nach der deutschen Kapitulation starteten die alliierten Luftaufklärer zum Erfliegen eines Luftbildatlasses und der Ergänzung ihrer Zielwirkungsbilder noch oft über dem besetzten Reich. Diese eindrucksvollen Aufnahmen spiegeln das Ausmaß der totalen Vernichtung wider.

Die Apokalypse des Jahres 1945 wurde so für die Nachwelt konserviert, als Mahnung an die heranwachsenden Generationen, daß solch ein Wahnsinn sich nie mehr ereignen sollte.

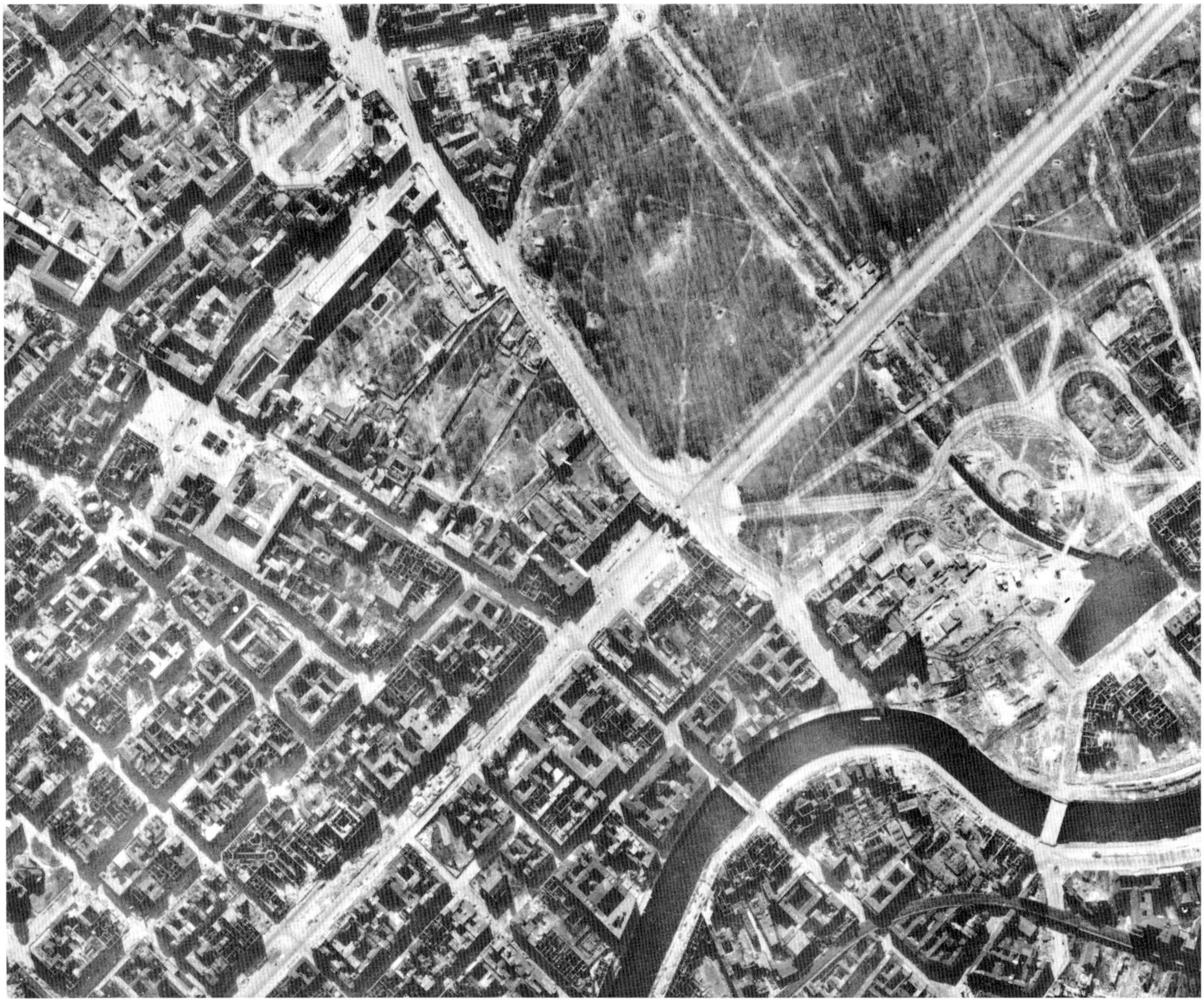

Berlin Unter den Linden am 22. März 1945. Im Anflug über das NS-Regierungsviertel in der Wilhelmstraße mit der Kanzlei des „Führers", Wilhelmstraße Ecke Voss-Straße, Reichskanzlei, Auswärtiges Amt, Reichspräsidentenpalais und Hotel Adlon am Pariser Platz. Ganz links im Bild das Reichsluftfahrtministerium, gegenüber der neuen Reichskanzlei das Propagandaministerium von Josef Goebbels. In der Bildmitte das Brandenburger Tor und rechts der beschädigte Reichstag.

I. Der Städtekrieg – area bombing, – fire storms

Nach der Kommandoübernahme des Bomber-Commands in High Whycombe durch Air Chief Marshal Arthur Harris am 22. Februar 1942 begann für 22 Millionen Bewohner in den 58 Großstädten des Deutschen Reiches ein nächtliches Inferno, das bis zum bitteren Kriegsende dauern sollte.
Durch den Einsatz des neuen OBOE-Zielortungsgerätes – die Bomber flogen auf einem Leitstrahl bis zum Ziel und konnten ihre Bomben nach den „sky markers" – Zielmarkierungsbomben („Christbäume") – abwerfen.
Dicht gestaffelt zogen die Bomberstaffeln der RAF ins Reich. „GEE" machte es möglich. Die deutschen Nachtjäger, die nach der von General Kammhuber entwickelten Himmelbett-Taktik an die Bomberströme herangeführt wurden, konnten nur wenige der durchfliegenden Bomber erfassen und bekämpfen, da die Himmelbett-Räume von den geschlossenen Verbänden sehr schnell durchflogen wurden und danach außer Reichweite der Funkmeßführung waren.
Lübeck sollte die erste deutsche Stadt werden, die durch ein Flächenbombardement vernichtet werden sollte. Während des 90minütigen Angriffs fielen 144 Tonnen Brandbomben und 160 Tonnen Sprengbomben auf das Zentrum von Lübeck. 320 Lübecker waren die Opfer dieses Angriffs und rund 2000 Häuser wurden zerstört. Nach Harris' Worten glich die Stadt Lübeck mehr einem Feueranzünder als einem Wohnort für Menschen. Er brauchte nur ein Feuer zu legen und erreichte ein Inferno. Die dichte Bebauung der Stadt wurde ihr zum Verhängnis.
Im April 1942 bombardierten RAF-Bomber die alte Hafenstadt Rostock. Die am Stadtrand gelegenen Heinkel-Werke standen als Nebeneffekt ebenfalls in Flammen – ein willkommener Triumph für Harris.
„Ein Lübeck machen" beflügelte fortan das

Denken des britischen Bomberstrategen. Eine Liste von ausgesuchten Städten wurde von Premierminister Churchill am 23. April 1942 den Abgeordneten des britischen Unterhauses vorgestellt: Kiel, Wismar, Hamburg, Bremerhaven, Emden, Berlin, Stuttgart, Augsburg, Nürnberg, Friedrichshafen, München, Magdeburg, Hannover, Braunschweig, Osnabrück, Gelsenkirchen, Münster, Karlsruhe, Pilsen, Chemnitz, Rostock, Leuna, Bochum, Hamm, Essen, Dortmund, Oberhausen, Duisburg, Linz, Stettin, Posen, Dessau, Leipzig, Düsseldorf, Aachen, Köln, Saarbrücken, Wilhemshaven, Halle, Merseburg, Liegnitz, Breslau, Lodz, Regensburg, Frankfurt, Mainz, Mannheim, Kassel, Gotha, Lübeck.

Die erste Stadt in dieser Liste, die ein Flächenbombardement über sich ergehen lassen mußte, war Essen. Dann folgte Köln. Durch den Einsatz neuer Navigationsmethoden hoffte Harris innerhalb von 90 Minuten 1000 Bomber – die gesamte Luftflotte der Briten – gegen die Domstadt am Rhein einsetzen zu können.

Am 30./31. Mai 1942 warfen 1046 Maschinen, die von 53 Flugbasen in Ostengland gestartet waren, 1300 Tonnen Bomben auf Köln. 2,5 Quadratkilometer Stadtgebiet wurden eingeäschert. 474 Zivilisten starben unter den Trümmern. Noch einmal brachte Harris 956 Bomber gegen Essen zum Einsatz. 904 Bomber flogen am 25./26. Juni 1942 nach Bremen. Duisburg, Düsseldorf, Hamburg und Osnabrück folgten. Mainz wurde gleich zweimal im August 1942 angegriffen. Den Abschluß der ersten Serie bildeten die Angriffe auf Kassel, Aachen, Kiel, Stuttgart und Osnabrück. Bei diesen Einsätzen gelang es allerdings Haaris nicht mehr, eine Tausend-Bomber-Streitmacht zusammenzustellen. Es waren wesentlich kleinere Verbände von einigen hundert Maschinen, die die Nachtangriffe flogen. Ausfälle durch technische Mängel und die erstarkte Abwehr durch Flak und Nachtjäger hatten die Bomberströme merklich dezimiert.

Während des ganzen Luftkrieges ließen die Alliierten der Reichshauptstadt Berlin eine Sonderbehandlung zuteil werden. Trotz hoher Verluste – die Luftoffensive im Herbst 1943 mußte abgebrochen werden – flogen die Engländer, ab dem Jahre 1943 die Amerikaner bis zur einsetzenden Großoffensive der Sowjets gegen Berlin ununterbrochen Einsätze auf die Hauptstadt. Für die Bomberbesatzungen galt es als besondere Mutprobe und Auszeichnung, bei Berlin-Angriffen dabeigewesen zu sein. Durch die ständige Verbesserung der Angriffstaktik und den Einsatz immer schwererer Bomben und größerer Bomberzahlen wurde die systematische Vernichtung von Wohngebieten zur Routine. Schon im Jahre 1942 betrugen die Verluste unter der Zivilbevölkerung im Deutschen Reich im Monatsdurchschnitt 700 Tote.

Bei Verlustangaben in den NS-Lageberichten lautet die Terminiologie für Deutsche „gefallen“ oder „verwundet“; für Aus-

länder, KZ-Häftlinge oder Kriegsgefangene „getötet“ oder „verletzt“.
Nach dem Einstz der Pfadfinderverbände am Ende des Jahres 1942 und dem neuentwickelten Navigationsverfahren OBOE, bei dem die Führungsmaschine auf einem Leitstrahl eines englischen Senders direkt zum Ziel flog und beim Erreichen desselben durch einen zweiten Leitstrahl informiert wurde, hatten die Engländer ihr Flächenbombardement fast schon perfektioniert. Die mitfliegenden Himmelsmarkierer (Sky Marker Force) setzten die von der deutschen Bevölkerung so gefürchteten „Christbäume“ (sky markers) ab. Die an Fallschirmen niederschwebenden Christbäume wurden allerdings oft von aufkommenden Windböen abgetrieben und gingen außerhalb der dicht besiedelten Wohngebiete nieder. Da die nachfolgenden Bomber genau auf diese Zielmarkierungen ihre Bomben warfen, hatten die Bewohner der angegriffenen Städte Glück, da die angerichteten Schäden nur gering waren. Obwohl die Engländer von ihrer entwickelten Strategie voll überzeugt waren, betrachteten die Amerikaner diese Angriffsmethode geringschätzig als „landwirtschaftliches Bombardieren“ oder als „Kartoffelanbau“. Trotz erkennbarer Mißerfolge blieb Harris bei seiner Angriffstaktik auf die deutschen Städte. Nach dem Kriege äußerte er sich: „Es muß mit Nachdruck gesagt werden, daß wir niemals ein besonderes Industriewerk als Ziel – mit Ausnahme von Essen – auserwählt haben. Die Zerstörung von Industrieanlagen erschien uns stets als eine Art Sonderprämie. Unser eigentliches Ziel war bei allen Angriffen stets die Innenstadt.“
Noch vor der endgültigen Kapitulation der deutschen Wehrmacht stellte die 8. USAF aus Ermangelung lohnender Ziele die Bombardierung ein.
Mit 971 762 Tonnen Bomben der Amerikaner und 657 647 Tonnen Bomben der Engländer waren die deutschen Großstädte und die Infrastruktur des Reiches pulverisiert. Der Luftkrieg kostete fast 160 000 alliierten Fliegern – 79 265 Amerikanern und 73 471 Briten – sowie einer unbekannten Zahl von deutschen Besatzungen das Leben. 430 000 Zivilisten lagen tot unter den Trümmern ihrer Häuser. Unersetzliche Kunstschätze und Denkmäler einer jahrtausendalten Geschichte waren zerstört und verbrannt. Die Beseitigung der entstandenen Milliardenschäden sollte in einem zähen Wiederaufbau mehrere Jahrzehnte dauern.

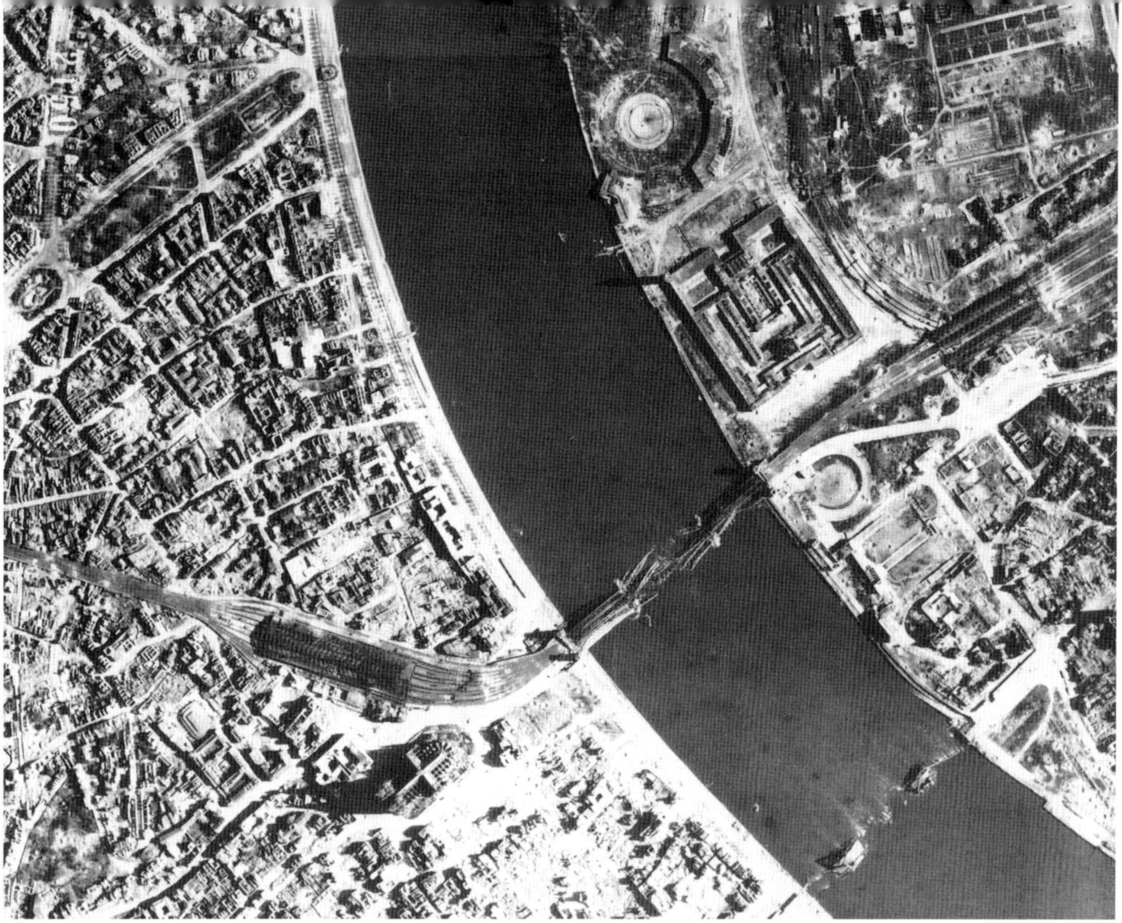

Linke Seite.
Die alte Hansestadt Lübeck mußte am 28./29. März 1942 den ersten vernichtenden Angriff der RAF hinnehmen. 320 Menschen starben unter den 441 t Spreng- und Brandbomben von 234 Bombern. Blick von Süden auf die Altstadt-Insel mit der zerstörten Marienkirche, Jakobi-Kirche und dem Rathaus. Links im Bild der Wallhafen. Rechts der Klughafen.

USAAF-Aufnahme vom 7. Juni 1944.

Oben: Blick von Westen auf das Rheinufer und das rechtsrheinische Köln-Deutz.

Unten: Das verwüstete Köln am 11. April 1945. Dic Brücken sind gesprengt. Die Bilder zeigen den stark beschädigten Dom neben den ausgebrannten Bahnhofshallen.

Anflug aus Südwest am 5. Juni 1945 auf Hamburg-Rotehaus-West zwischen Veringstraße und Wilhelmstraße.
Im Hintergrund die beiden Flaktürme mit den 12,8 cm Zwillingsgeschützen und Wilhelmsburg.

Hamburg-Reiherstieg, 5. Juni 1945. Im Vordergrund der Vering-Kanal; dahinter Häuser am Vogelhuttendeich.

Hamburg-Klein-Grasbrook von Süden aus. Links der Reiherstieg-Kanal, in der Mitte der Stichkanal und rechts der Grenzkanal. Im Hintergrund die Türme von St. Michaelis, St. Petri, Rathaus und Jakobi-Kirche.

Oben: Die Außenalster von Hamburg-Harvestehude mit dem Rondell-Teich.

Rechte Seite:
Die Bremer Altstadt mit Bahnhof am 23. März 1945. Gut zu erkennen der Wallgraben mit Rathaus und Dom sowie die Weser. Ausgebrannte Gebäude beherrschen das Stadtbild.

Oben: Schnee bedeckt die Innenstadt von Aachen am 13. Januar 1945. Der ehrwürdige Kaiserdom überstand die Brandangriffe der RAF vom 24./25. Mai 1944 durch den unerschrockenen Einsatz der Jugendfeuerwehr. Als erste deutsche Großstadt kapitulierte Aachen am 21. Oktober 1944.

Rechts: Die Innenstadt von Essen nach dem letzten Großangriff der RAF am 23. März 1945. 39 907 t Bomben fielen in 28 Angriffen auf die Stadt. Die Krupp-Werke erlitten dabei schwere Schäden und wurden ausgelagert.

Wesel am Niederrhein in der Lippe-Mündung wurde im Februar 1945 nach fünf alliierten Angriffen schwer getroffen. Am 23./24. März 1945 zerstörten 195 Lancaster-Bomber und 23 Mosquitos den Rest der Stadt, um den Rheinübergang für die britische und amerikanische Armee vorzubereiten!

Links:
Im Anflug über Wetzlar-Ost. 74 B-24 der 2. AD warfen am 12. März 1945 186,2 Tonnen Bomben auf den Verschiebebahnhof.
Die Altstadt Wetzlar erhielt schwere Bombentreffer. US-Aufnahme vom 15. März 1945.

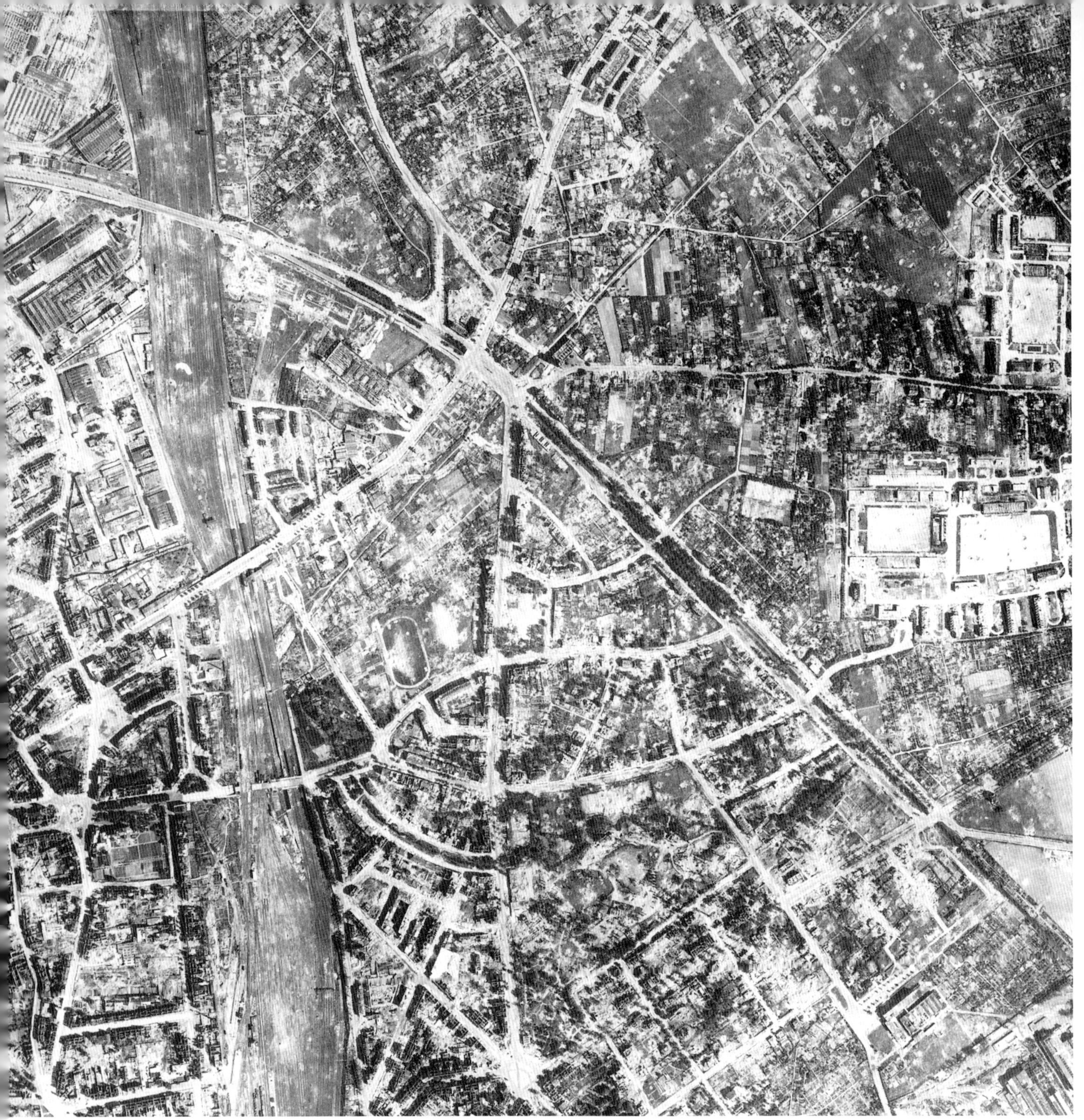

Oben: Düsseldorf-Mörsenbroich am 19. Juni 1945 im Anflug von Düsseltal nach Norden entlang der Bahnlinie. Zehn Angriffe flog die RAF gegen die Stadt, den schwersten am 3./4. November 1943 mit 589 Bombern. 622 Menschen kamen in dem Inferno um und 942 wurden vermißt.

Rechte Seite.
Die Stadtmitte von Düsseldorf mit der Königsallee, dem Hofgarten und der Altstadt am Rhein. Auf der rechten Bildseite der Hauptbahnhof. Eindeutig zeichnen sich die leeren Ruinen im gesamten Stadtgebiet ab.

Oben: Der Bahnhof mit dem Königs-Wall von Dortmund am 7. Juni 1945. Vier Großangriffe flog die RAF gegen die Stadt. Links oben die Hafenbecken mit der Schlackenhalde.

Rechte Seite.
Industrie- und Wohnanlagen Dortmunds sind zerstört. Am 12. März 1945 griff der größte Bomberverband der RAF des Zweiten Weltkrieges mit 1108 Maschinen die Stadt an und verwüstete sie. Blick auf den Borsig-Platz und auf die Eisen- und Stahlwerke von Hoesch.

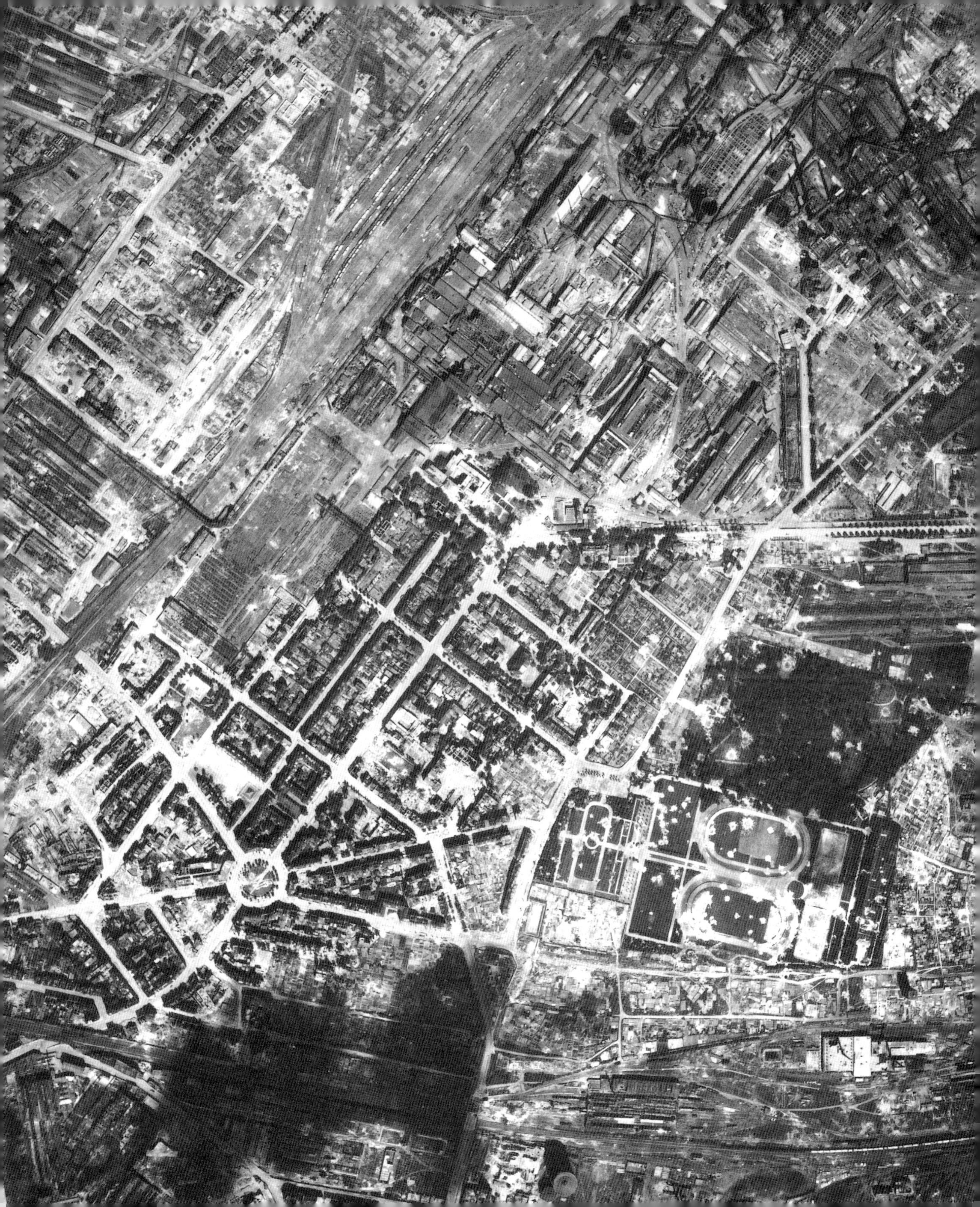

Oben: Die Innenstadt von Münster in Westfalen ist am Kriegsende eine Trümmerwüste. USAF-Aufnahme vom 2. August 1945. Links das zerstörte Schloß mit den Schloßanlagen, die stark beschädigte Liebfrauenkirche und der ausgebrannte Dom in der rechten oberen Bildecke.

Anm.:
Ab 1.1.1945 wurde die USAAF in USAF umbenannt.

Oben: Soest mit seinem mittelalterlichen Stadtkern wurde 1945 weitgehend wegen seines Verschiebebahnhofs ausgelöscht.

Unten: Leipzig bei Kriegsende. Umgeben von den Ruinen der Gebäude in der Harkortstraße und am Martin-Luther-Ring überstand das teilzerstörte ehemalige Reichsgerichtsgebäude die schweren Angriffe.

Oben: Solingen, Zentrum der deutschen Schneidwaren-Industrie, ist am 7. April 1945 in den Außenbezirken zum Teil unzerstört, trotz heftiger Angriffe der Alliierten.

Unten: Der alte Stadtring von Bielefeld gleicht am 26. März 1945 einer Mondlandschaft. In der Mitte der alte Markt mit Nebelswald und Siekerwall.

Rechte Seite:
Halle an der Saale vor den Großangriffen im März und April 1945. Gut zu erkennen ist die Universitäts-Ringstraße mit der Moritzburg, der Domkirche und dem Marktplatz mit der Marienkirche sowie dem Rathaus. USAF-Aufnahme vom 24. März 1945.

Linke Seite.
Blick von Süden auf die Oper und den Hauptbahnhof von Hannover am 18. April 1945.

Oben: Auch die alte Bischofsstadt Paderborn wurde von mehreren Angriffen schwer getroffen. Der Innenstadtring ist am 24. März 1945 noch teilweise erhalten.

Unten: Anflug von Osten auf die Leine. Gut zu erkennen ist die Hof- und Stadtkirche von Hannover.

Magdeburg am 18. April 1945. In versetzten Kolonnen dringt die 2. US-Panzerdivision zusammen mit der 30. US-Infanteriedivision in die rauchende Stadt ein. Das Bahnhofsgelände im Vordergrund wird besetzt.

Rechte Seite.
Blick von Süden auf die Oper und den Hauptbahnhof von Hannover am 18. April 1945.

Berlin am 22. März 1945. Links die noch nicht zerstörte Gedächtniskirche mit dem Kurfürstendamm und dem zerstörten Café Kranzler. In der Bildmitte Bahnhof Zoo mit dem Zoo und dem mächtigen Zoobunker mit seinen vier Geschütztürmen. Rechts daneben der Leitbunker und die Ost-West-Achse.

Berlin-Friedenau mit dem Südwestkorso und dem Breitenbach-Platz am 22. März 1945. Am 18. März 1945 erlebte Berlin den letzten und schwersten Angriff des Jahres 1945 mit 1171 Bombern von drei Air Divisions der 8. USAF, 2907,6 t Spreng- und Brandbomben fielen auf die Stadt. Während des Zweiten Weltkrieges waren es insgesamt 45 517 t Bomben.

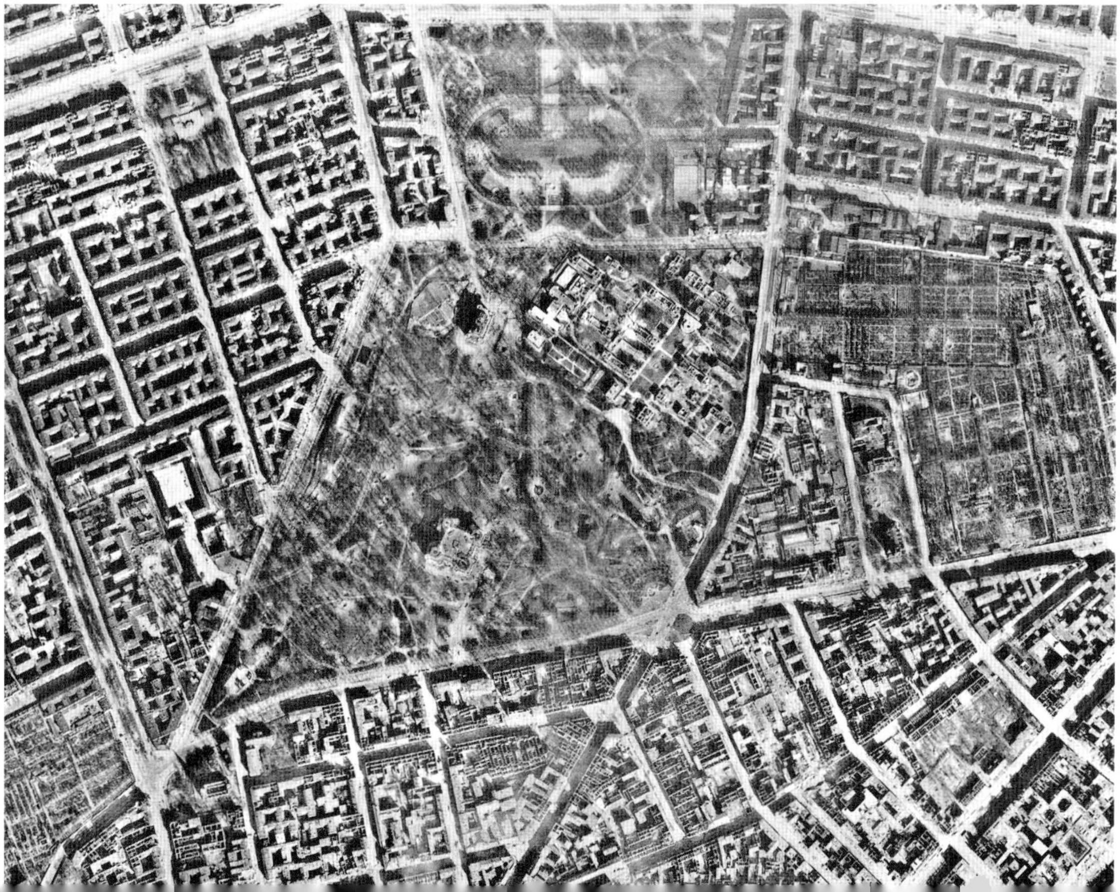

Berlin-Friedrichshain mit Flakbunker und städtischem Krankenhaus. 310 Angriffe der RAF und 8. USAF mußte die Reichshauptstadt hinnehmen. Zirka 49 600 Berliner kamen dabei um. Bei Kriegsende waren noch 75 % der Berliner Industrie in Betrieb.

Linke Seite: Berlin-Kreuzberg mit der Garnisons-Kirche und dem Zentralflughafen Tempelhof war einer der am wenigsten zerstörten Stadtteile Berlins wegen der Unerschrockenheit seiner Bewohner bei Löscharbeiten. US-Aufnahme vom 22. März 1945.

Oben: Die Stadt der Reichsparteitage, Nürnberg, am 11. Mai 1945 – ein einziges Trümmerfeld.

Anflug auf die halbfertiggestellte Kongreßhalle vor dem Dutzendteich auf dem ehemaligen Reichsparteitagsgelände. Das Bauwerk hatte einen Durchmesser von 250 m und sollte für 50 000 Menschen Platz bieten. Riesige Granitquader zierten die Schauseiten. In diesem Monumentalbau wollte die NS-Führung ihre Parteikongresse abhalten. – Heute erklingen leisere Töne aus den erhaltenen Wandelhallen: Der Süd-Pylon beherbegt die Übungsräume der Nürnberger Symphoniker.

Nürnberg am 11. Mai 1945: Flug vom Königstor über die St. Lorenzkirche.

Anflug auf die 350 m lange Haupttribüne des Zeppelinfeldes auf dem ehemaligen Reichsparteitagsgelände am 11. Mai 1945. Die Haupttribüne plante der damalige NS-Generalbauinspektor Albert Speer. Von 1935 bis 1937 wurde die Tribüne gebaut und diente als Aufmarschplatz der politischen Leiter und des Reichsarbeitsdienstes sowie den Veranstaltungen am Tage der Wehrmacht. – 1967 brach man die einsturzgefährdeten Kolonnaden ab. Im Vordergrund erkennt man die gut ausgebauten Stellungen einer Flakbatterie mit dem Feuerleitstand.

Die Luitpoldarena entstand durch Umgestaltung des Luitpoldhaines in den Jahren 1935 bis 1937. Sie sollte dem Aufmarsch von NS-Parteiformationen dienen. Im Hintergrund wird das Märzfeld sichtbar mit der „großen Straße“ und dem Bauaushub für das „Deutsche Stadion“. – 1958/59 wurde die Anlage in einen Erholungspark mit Kinderspielplätzen umgewandelt.

Oben: Das Festspielhaus von Bayreuth. Am 8. April 1945 mußte die „Wagner-Stadt“ Bayreuth noch einen gezielten Angriff von 51 B-24 Bombern der 8. USAF ertragen.

Unten: Rothenburg ob der Tauber am 10. April 1945 ist zu 40 % zerstört. Militärischer Nutzen: keiner. Der östliche Teil der Stadt ist bis zum Röderschutt zerstört.

Rechte Seite.
Eine Kette Thunderbolts überfliegt die Moselbrücken von Koblenz aus Norden kommend. Links im Bild das Deutsche Eck und die gesprengten Rheinbrücken am 4. Juni 1945.

Oben: Flug entlang der Brotstraße auf die Porta Nigra in Trier an der Mosel. Rechts der Dom St. Peter am 7. Mai 1945. Im Hintergrund die Paulinuskirche.
Zwei RAF-Angriffe zerstörten weitgehend die Stadt. Den Rest besorgte der schwere Artilleriebeschuß in den Februartagen des Jahres 1945.

Unten: Anflug von Südosten über das zerbombte Mitternachtsviertel von Mainz. Links die ausgebrannte Peterskirche, rechts das Deutschhaus – heute Sitz der Landesregierung von Rheinland-Pfalz. Dahinter sichtbar das kurfürstliche Schloß und im Hintergrund die Christuskirche.

Rechte Seite:
Das goldene Mainz als Ruinenstadt mit dem Vorort Kastel noch als „Frontstadt" am 23. März 1945. Drei Pfeiler der Straßenbrücke sind von deutschen Truppen gesprengt.
31 Angriffe der Alliierten ließen die Stadt am Rhein untergehen.

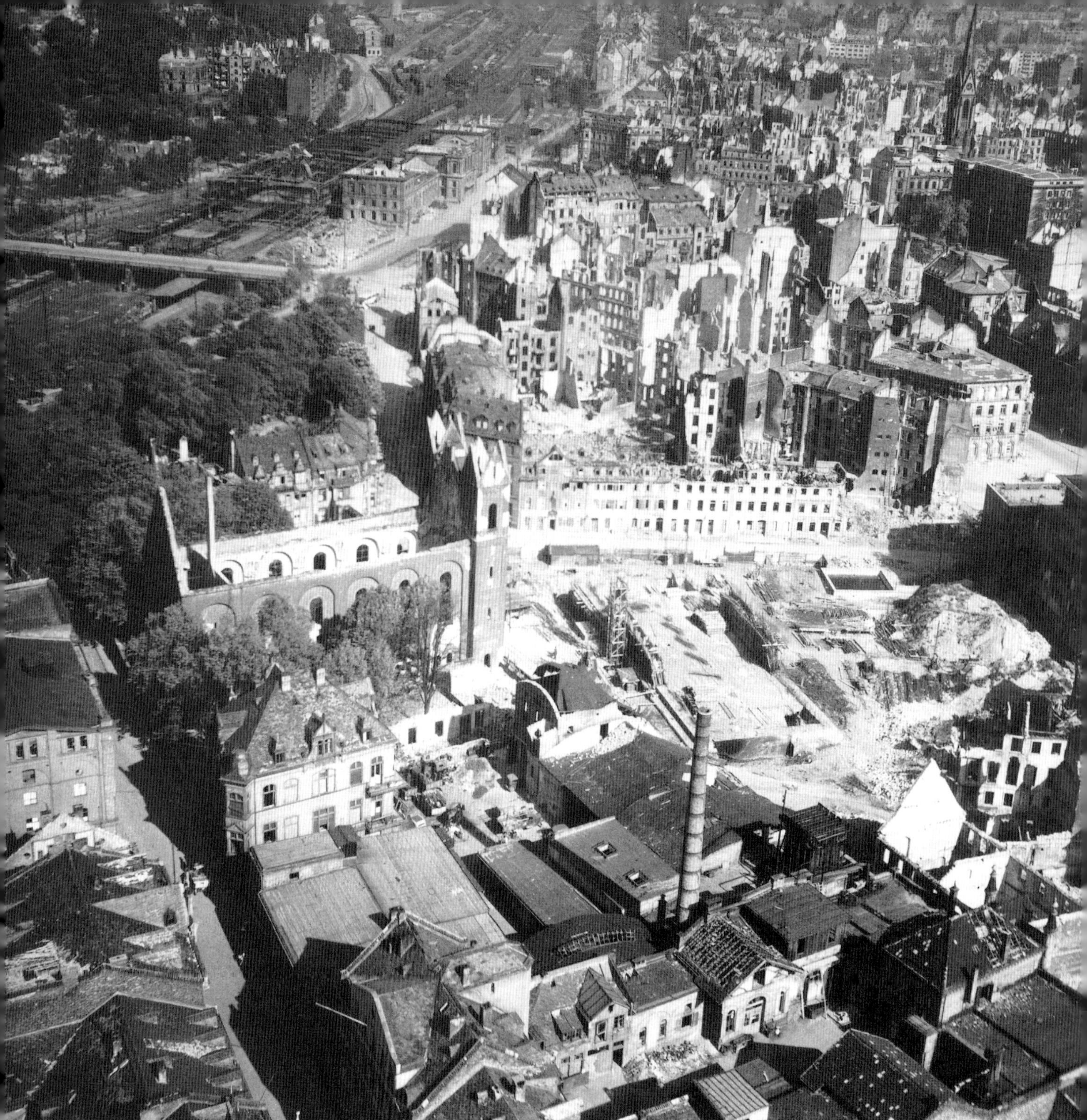

Oben: Anflug aus Südosten auf den Bahnhof von Mainz. Der größte Teil der Innenstadt wurde schon bei zwei Angriffen am 11./12. und 12./13. August 1942 zerstört. Links die Ruine der Altmünsterkirche. Im Hintergrund die Bonifaziuskirche.

Rechte Seite: Der Kaiser-Friedrich-Ring mit der Ringstraße von Wiesbaden. Am 2./3. Februar richteten 463 Lancaster-Bomber und 22 Mosquitos der RAF schwere Schäden in der Innenstadt an. 516 Tote lagen nach dem Angriff unter den Trümmern.

WIESBADEN

Anflug aus Osten am 11. Mai 1945 über Frankfurt. Amerikanische Lastwagenkolonnen fahren über die Battonenstraße durch die Innenstadt. Links im Bild der Dom und die gesprengten oder zum Teil als Notbrücken wiederhergestellten Mainbrücken.

Anflug aus Osten zu den Taunusanlagen in Frankfurt in Richtung Hauptbahnhof. Links die Münchner Straße und rechts die Kaiserstraße.

Linke Seite.
Oben: Die Mainbrücke von Fechenheim nach Offenbach ist gesprengt. Eine Mainfähre setzt die Offenbacher über den Fluß am 11. Mai 1945.

Unten: Die Liebfrauenkirche inmitten der Weinberge im Norden von Worms. Am Rhein die Mühlen und das Rhenania-Lagerhaus. Dahinter die gesprengte Eisenbahnbrücke am 7. Mai 1945.

Rechte Seite.
Flug aus Südwesten über das zerstörte Wormser Stadtzentrum am 7. Mai 1945. Links der teilzerstörte Dom. Im Vordergrund die zerbombten Lederwerke Dörr und Reinhardt und das zerstörte Gaswerk.

Anflug aus Süden auf das zerstörte Zentrum von Kaiserslautern am 24. März 1945.

Mannheim 15. März 1945. Noch ist die Kurpfalzbrücke über dem Neckar nicht gesprengt. Das Halbrund des rechteckig angelegten Stadtzentrums mit Buchstaben- und Zahlenkombinationen ist während des Krieges mehrfach bombardiert worden. Zuletzt am 1. März 1945 von 478 RAF-Bombern.

Anflug aus Südwesten über den Rhein zu dem zerstörten Mannheimer Schloß und der Altstadt im Juni 1945.

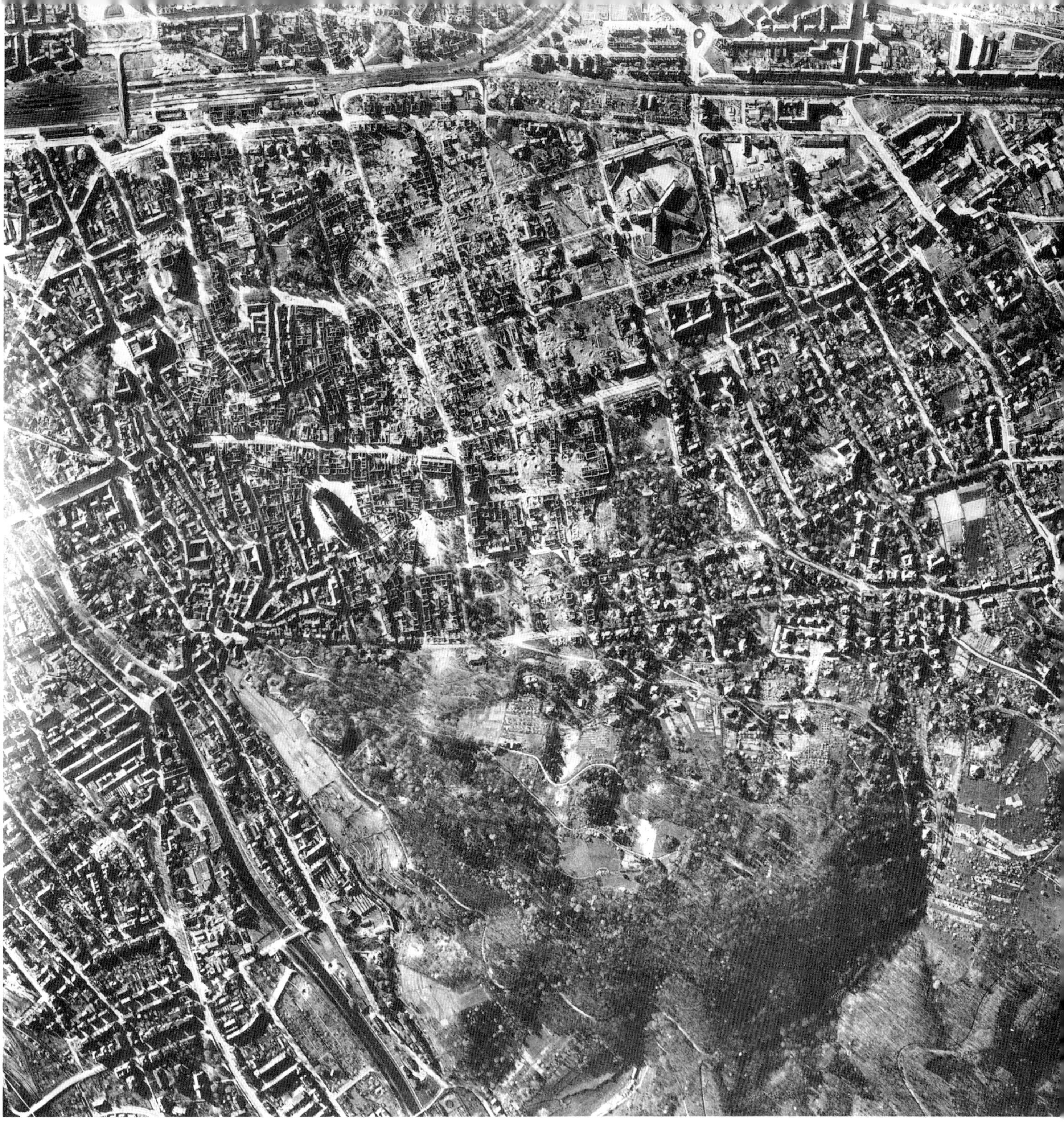

Linke Seite.
Das zerstörte Karlsruhe am 15. März 1945. Das Schloß ist ausgebrannt und alle Gebäude um den Zirkel ebenfalls stark beschädigt.

Oben: Freiburg wurde 1940 von deutschen Bombern irrtümlich angegriffen und am Ende des Krieges von französischer Artillerie schwer beschossen. Am 27./28. November flogen 341 Lancaster einen Großangriff gegen die Stadt am Schwarzwald. Im April 1945 ist die Stadt nur noch ein Trümmerfeld.

Linke Seite.
Stuttgart am 7. Juni 1945. Kopfbahnhof und mittlerer Schloßgarten sind umgeben von den Trümmern der Innenstadt. Die Königstraße, Marktplatz mit Rathaus und oberer Schloßgarten lassen sich nur noch erahnen.

Oben: 53 Angriffe der RAF und 8. USAF machten Stuttgart zum Ruinenmeer. 21 246 t Bomben fielen. 4562 Tote blieben unter den Trümmern. Schwerpunkt der Vernichtung ist das Gebiet um die Schloßstraße, die Kriegsbergstraße und die Heilbronner Straße. Am unteren Bildrand der Kopfbahnhof und der mittlere Schloßgarten.

Linke Seite.
Viele weiße Stellen zeigt Augsburg am 7. Juni 1945. Links der Güterbahnhof. In der Bildmitte das Fuggerhaus und die Fuggerstraße. Gut überstanden hat die Domkirche die Wirren des Krieges.

Oben: Wie ein Fels steht das wenig beschädigte Münster inmitten der Trümmerwüste in Ulm am Tag der Kapitulation, dem 8. Mai 1945.

Unten: Die Altstadt von Ulm ist am 8. Mai 1945 noch teilweise erhalten.

Linke Seite: Anflug aus Südwesten auf das 161,60 m hohe Ulmer Münster. Eine Pontonbrücke stellt den Militär-Verkehr über die Donau sicher, dahinter die gesprengte Eisenbahnbrücke. Schwer beschädigt das Rathaus vor dem Münster. Am 17./18. Dezember 1944 zerstörte ein RAF-Angriff mit 1449 t Spreng- und Brandbomben einen Großteil der Innenstadt.
Oben: Schwere Zerstörungen trug die Stadtmitte Neu-Ulms davon. Total eingeebnet ist die Friedenskaserne im Bild vorn links.

Oben: München, 11. Mai 1945. Im Anflug aus Westen auf die Frauenkirche, rechts davon etwas verdeckt die Peterkirche. Links am Bildrand die Theatinerkirche und die Oper.

Rechte Seite.
Flug aus Südosten über die Heiliggeistkirche, dahinter die Peterkirche. In der Bildmitte der Viktualienmarkt, 11. Mai 1945.

Anflug über die Isar auf den Marienplatz und Lukaskirche. Im Hintergrund die Frauenkirche, links daneben die Michaelkirche und die Damenstiftskirche.

Flug über den noch mit Tarnanstrich versehenen Königsplatz in München. Links im Bild die Musikhochschule. In der Bildmitte die Kloster-Basilika und davor die neue Staatsgalerie am 11. Mai 1945.

Die Bahnanlagen der Kleinstadt Klötze in der Altmark wurden am 8. April 1945 schwer bombardiert.

Oben: Die „Honigwabenstruktur“ der Innenstadt von Kassel um den Bahnhof zeugt von den schweren Angriffen auf die nordhessische Stadt.

Bis zum 11./12. 9. 1944 glaubten sich die Darmstädter in Sicherheit. Niemand rechnete mit einem Großangriff auf die Beamtenstadt. 226 Lancaster und 14 Mosquitos der 5. Bombergruppe der RAF legten einen Fächerbrand über die Stadt. Buchstäblich an vier Ecken angezündet, ging die südhessische Stadt unter. 8433 Tote lagen nach dem Angriff unter den Trümmern oder bis zur Unkenntlichkeit verbrannt in den Straßen. Die Darmstädter Innenstadt um das Schloß in der Mitte des oberen Bildes ist ein einziges Ruinenmeer. – Nördlich des Schloßgartens stehen einige Häuser, während das Gebiet um den Luisenplatz rechts nur noch ein Trümmerfeld ist.

Am 6./7. Januar 1945 griffen 482 Bomber der RAF die Stadt Hanau und die Bahnanlagen an. 40% des Stadtgebietes wurden bei einem einzigen Angriff zerstört.

Oben: Hanau am 10. April 1945. Die Altstadt wurde am 18./19. März von 277 Lancaster-Bombern und 8 Mosquitos vollständig ausgelöscht. 2000 Zivilisten kamen bei diesem Angriff ums Leben.

Unten: Bei Kriegsende ist die Innenstadt Hanaus „weggeblasen“. Die Trümmer der ersten Angriffe sind durch den zweiten Angriff vom 18./19. März 1945 ein zweites Mal umgepflügt worden.

Nächste Seite:
Heilbronn wurde mit einem einzigen Angriff von 282 Lancasters und 10 Mosquitos am 4./5. Dezember 1944 „ausradiert“.

Oben: 1254t Spreng- und Brandbomben lösten einen Feuersturm über der Innenstadt von Heilbronn aus, der 82% der Bausubstanz zerstörte und über 7000 Tote forderte.

Unten: Bruchsal nach dem Angriff vom 1. März 1945. 115 B-17 der 1. Air Division der 8. USAF warfen 338,8t Bomben auf die Stadt. 1000 Zivilisten starben in dem Inferno. Ziel war der Eisenbahnknotenpunkt Bruchsal. Dabei ging fast die ganze Stadt in Flammen auf.

Nächste Seite:
Das Zentrum von Osnabrück am 22. März 1945. Der Stadtkern ist durch mehrere Feuerstürme eingeäschert.

Oben: Von Solingens Stadtkern blieb bei Kriegsende nur ein Ruinenfeld übrig.

Nächste Seite:
Durch mehrere Angriffe der RAF und der 8. USAF ist Wuppertal im Zentrum pulverisiert. Zu erkennen sind im oberen Bildrand die Wupper und die Linienführung der berühmten Schwebebahn.

Oben: Aschaffenburg während der Belagerung durch die 45. US-Division am 30. März 1945. Das Schloß über dem Main brennt. Die Jäger-Kaserne, La Garde-Kaserne und die Pionierkaserne am linken Teil des Bildes sind noch weitgehend verschont. Mehrere Angriffe der 8. USAF haben im Januar 1945 die Bahnanlage schwer getroffen.

Unten: Würzburg ist am 14. März 1945 noch unzerstört. Gut zu erkennen sind das Schloß mit den Gartenanlagen, der Dom und die Innenstadt.

Nächste Seite:
Würzburg nach dem sinnlosen Angriff vom 16./17. März 1945. 225 Lancaster und 11 Mosquitos der RAF warfen 1127 t Bomben auf die alte Residenzstadt. 89% der Bausubstanz ging im Flammenmeer unter. 4000–5000 Würzburger starben. Die Festung Marienberg und die alte Universitäts-Residenz sind zerstört. Der beschädigte Dom stürzte nach der Einnahme der Stadt durch die Amerikaner ein.

Vorherige Seite: Die Schuhstadt Pirmasens in der Pfalz wurde von der USAF sieben Mal bombardiert. Am 15. März 1945 warfen 239 Bomber 456,45 t auf die Stadt und lösten zahlreiche Brände aus. Durch die Tal- und Höhenlage sind die Randgebiete verschont geblieben. Nur das Zentrum ist stark zerbombt.

Oben: Hildesheim am 27. März 1945. Am 22. März löschten 227 Lancasters und 8 Mosquitos die Stadt aus. 1645 Tote waren zu beklagen. 70% des Areals sind zerstört.

Vorherige Seite:
Anflug aus Nordost auf Braunschweig-Broitzem. Die Stadt ist schwer zerstört. Die Häuser im Grüngürtel haben nur geringe Schäden. Im Hintergrund der Fliegerhorst Broitzem.

Oben: Die Bischofsstadt Paderborn mußte noch kurz vor Kriegsende schwere Bombardements hinnehmen.

Unten: Flaksprengwolken hängen über der Kaiserallee in Berlin-Wilmersdorf am 22. März 1945. Unten links ist das Schöneberger Rathaus zu erkennen und oben der Fehrbelliner Platz.

In der Nacht vom 23./24. Februar 1945 warfen 367 Lancaster und 6 Mosquitos in 22 Minuten aus 8000 Fuß Höhe 1825 t Bomben auf die unverteidigte Stadt Pforzheim. In dem sich entwickelnden Feuersturm kamen 17 600 Zivilisten um. Die Stadt zeigt die für die Zerstörung typische Honigwabenstruktur.

II. Schlüssel zum Sieg. Die Ölоffensive der Alliierten

Den Casablancadirektiven folgend, begannen die Amerikaner nach dem Aufbau ihres Jagdschutzes für die Fortresses („Fliegende Festungen“) und die Liberators („Befreier“) mit der konzentrierten Bombardierung der Ölraffinerien der Achsenmächte.
Deutschlands Produktion von Treibstoffen gründete auf der Synthese nach dem Bergius-Krausch-Pier und dem Fischer-Tropsch-Verfahren, d. h. der Gewinnung von Treibstoffen aus Kohle durch Anlagerung von Wasserstoffen, beziehungsweise der Hydrierung von Wassergas und Generatorgas. Die Reifenproduktion gründete sich ebenfalls auf Großsynthesen zur Herstellung von Kautschuk, dem sog. Buna-S. Waren beide Produktionszweige entscheidend getroffen, standen alle Räder still. In 91 Raffinerien produzierte das Deutsche Reich den unverzichtbaren Treibstoff. Nur drei Großhydrierwerke stellten klopffestes Flugmotorenbenzin her. Vom 20. bis 25. Februar 1944 starteten die Alliierten mit 3800 Bombern die sogenannte „Big Week“ gegen die Flugzeugwerften. Im Juni folgte der zweite Schlag mit 1500 US-Bombern und am 24. August 1944 der dritte Großangriff. Schon im Juli 1944 waren zwölf Großhydrierwerke außer Betrieb gesetzt. Sehr massiert griffen die Bomber der 8. USAF und der RAF mit 3000 Maschinen in der Zeit vom 7. bis 14. Oktober 1944 die noch produzierenden Hydrierwerke an. Die Produktionsleistung der Hydrierwerke sank von April 1944 von 175 000 Tonnen Flugzeugbenzin auf 30 000 Tonnen Flugzeugbenzin im Juli des Jahres. Im September 1944 lieferten die Werke gerade noch 5000 Tonnen ab. Mit punktuellen Angriffen stoppten die alliierten Bomber durch gezielte Bombardements die Wiederaufnahme der Produktion in den Raffinerien bis zum Kriegsende.
Schwerpunkte der Angriffe bildeten die Raffinerien in Merseburg (Leunawerke), Hannover-Misburg, Hamburg-Harburg, Hamburg-Rhenania-Ossag, Scholven-Buer,

Tröglitz, Böhlau, Pölitz bei Stettin, Brüx bei Prag, Fallersleben-Ostermoor und Bremen-Gröpelingen. Vom Frühsommer 1944 bis zum Winter 1945 übertraf der Bedarf an Treibstoffen bei der Wehrmacht bei weitem die anfallenden Produktionen. Die Heeresleitung griff auf die wohlgehüteten Reserven zurück – bis zum Jahresende waren die Öltanks leer oder unter den Bomben der Alliierten zerborsten.

Die Jäger der Luftwaffe blieben am Boden festgenagelt – die jungen Piloten waren nur halb ausgebildet und im Luftkampf den erfahrenen Begleitjägerpiloten der Bombergeschwader hoffnungslos unterlegen. Die in Serienfertigung angelaufene Produktion des ersten Turbo-Jägers Me 262 brachte keine Wende. Wegen permanenten Treibstoffmangels standen die modernen Maschinen auf ihren Stellplätzen und wurden ein Opfer der alliierten Tiefflieger. Völlig zum Erliegen kam jedoch die Treibstoffproduktion in manchen Hydrierwerken bis zum Kriegsende nicht.

Obwohl die 8. USAF zwanzigmal und die RAF zweimal die Leunawerke bombardierten, produzierte die Raffinerie – wenn auch eingeschränkt – noch neun Prozent ihres ursprünglichen Ausstoßes, dies aber bis zur Kapitulation. Die Raffinerie in Hannover-Misburg wurde durch die RAF bei einem gezielten Nachtangriff am 15./16. März 1945 endgültig ausgeschaltet.

Als Folge der fatalen Treibstofflage konnte die Heeresleitung ihre militärischen Operationen nur noch von einem Tag zum anderen planen – immer nur unter der Voraussetzung, daß genügend Treibstoff zur Verfügung stand. Für einen konzentrierten Einsatz der deutschen Abfangjäger mußten die Geschwaderkommodores zuvor in verschiedenen Depots klopffestes Flugzeugbenzin sammeln gehen, was meist nicht gelang, so daß die Jäger nur vereinzelt zum Einsatz kamen – große Opfer von Menschen und Material waren die Folge.

Nach der fehlgeschlagenen Ardennenoffensive 1944/45 verfügte die deutsche Wehrmacht insgesamt nur noch über 50 000 Tonnen Benzin gegenüber noch 185 000 Tonnen im August 1944. Es blieben ihr gerade 28 Prozent des Vorjahrsbestandes. An klopffestem Flugzeugbetriebsstoff waren zu diesem Zeitpunkt noch 12 000 Tonnen vorhanden, im Mai 1944 dagegen waren es 198 000 Tonnen. Das war ein Restbestand von 6 Prozent.

Gegen Treibstoffziele setzten die Alliierten insgesamt 6552 Bomber ein, die 18 328 Tonnen Bomben aus ihren Schächten auf die Industrieanlagen ausklinkten.

Durch konzentrierte Angriffe auf den IG-Farben-Konzern mit seinen Industriewerken in Leuna, Marl, Leverkusen und Ludwigshafen trafen die Alliierten auch die Ammoniak-Synthese-Anlagen. Bei Kriegsende hätte das vorhandene Ammoniak gerade noch für drei Monate zur Munitionsfabrikation ausgereicht, dann wäre dem deutschen Reich neben dem Treibstoff auch das Pulver ausgegangen.

Die Raffinerie in Bremen-Gröpelingen war schon 1943 ▷
Ziel der 8. USAF. 1945 blieb eine einzige Trümmerwüste.

Oben: Pölitz/Messenthin bleibt beim Angriff der 8. USAAF am 29. Mai 1944 noch verschont. Bomben schlugen in den Randzonen um die Raffinerie ein.

Nächste Seite: Die Hydrierwerke bei Habinghorst am Dortmund-Ems-Kanal sind eingeebnet.

Vorherige Seite: Eine einzige Kraterlandschaft stellen die Anlagen der Ruhröl-Raffinerien in Scholven-Buer am 25. März 1945 dar.

Oben: Im Fotoanflug von Süden auf die an der Abzweigung des Mittellandkanals gelegenen Raffinerien von Hannover-Misburg am 18. April 1945.

Vorherige Seite:
Durch mehrere gezielte Angriffe der RAF und der 8. USAF ist die Raffinerie Misburg außer Betrieb gesetzt worden.

Oben: Eine Scheinanlage für die Raffinerie in Misburg half wenig. Sie lenkte von den Angriffen nicht ab, obwohl auch hier einige Bombenteppiche niedergingen.

Unten: Geborstene Öltanks der Raffinerie in Hamburg-Mattiershof am 5. Juni 1945.

Anflug aus Süden auf Hamburg-Grasbrook und den Stichkanal in Richtung Neustadt. Im Vordergrund die vernichteten Raffinerien der Deutschen Shell AG und der Deutschen Erdöl AG. Im Hintergrund sind St. Michaelis, St. Petri, der Rathaus-Turm und die Jakobi-Kirche gut sichtbar.

III. Zerstörung der Liegeplätze der „Grauen Wölfe", Werften und Häfen

Durch den technisch hoch entwickelten U-Boot-Bau besaß Deutschland bis zum letzten Kriegstag die einzige wirkungsvolle Offensivwaffe. Es gelang Churchill nicht, die Angriffe der „Grauen Wölfe", trotz deren schweren Verluste, gegen die alliierten Geleitzüge völlig auszuschalten.

Waren auch die großen Atlantikboote vom Typ VII C während der sechs Kriegsjahre veraltet und ein leichtes Opfer der U-Boot-Jäger geworden, so liefen in den letzten Kriegswochen immer modernere echte Unterseeboote, ausgerüstet mit modernen Walter-Turbinen, vom Stapel der deutschen Werften. Sollten die modernen Elektroboote der Typen XXI und der XXIII in größeren Stückzahlen zum Einsatz kommen, so wären die Nachschubwege der Alliierten schwer getroffen worden.

Nach dem Verlust der deutschen U-Boot-Basen am Atlantik durch die alliierte Invasion vom 6. Juni 1944 zogen sich die übriggebliebenen U-Boote zu ihren ursprünglichen Heimathäfen an der deutschen Nord- und Ostsee zurück. Nur in Norwegens Fjorden blieben einige U-Boot-Flotillen im Einsatz.

Der Großschiffbau war schon 1941, nach dem Untergang des Schlachtschiffes Bismarck, eingestellt worden. Das alliierte Oberkommando hatte schon früh die Gefahr erkannt, die von den Werften, die sich mit dem U-Bootbau beschäftigten, ausging. 1943 flog die 8.USAF ihre ersten Einsätze gegen Werftanlagen in Wilhelmshaven. Auf Emden, Cuxhaven, Bremen, Hamburg und Kiel wurden bis wenige Tage vor der Kapitulation die schwersten Angriffe auf Stadt und Hafenanlagen geflogen, um den U-Bootbau auf den Werften und die Überholung der Frontboote in den Docks auszuschalten.

Durch den Einsatz immer schwererer Bomben versuchten die Alliierten, die Liegeplätze der U-Boote in den bombensicheren

U-Bootbunkern zu treffen und zu vernichten.
Die hohen Produktionszahlen von U-Booten gingen auf die Entscheidung des Reichsministeriums für Rüstung und Kriegsproduktion der Abteilung Schiffsbau zurück, die im Jahre 1943 beschloß, den Bau von U-Booten in der sogenannten Sektionsbauweise zu forcieren. Diese revolutionäre Fertigungsmaßnahme sollte für einen größeren Ausstoß von U-Booten sorgen, den großen Aderlaß an Frontbooten ausgleichen und gleichzeitig die Zahl der einsatzfähigen U-Boote erhöhen.
Die deutschen Großwerften in den Hafenstädten, unter ihnen zum Beispiel Blohm und Voss in Hamburg, waren Endmontagezentren für die acht Sektionen, die die anderen größeren und kleineren Werften lieferten, so die Deutsche Werft in Finkenwerder (Sektion 2 und 6), die Howaldtswerke (Sektion 5), die Howaldtswerke in Kiel (Sektion 3), die Deutschen Werke in Kiel (Sektion 1 und 8), die Germania-Werft in Kiel (Sektion 7) und die Flender-Werft in Lübeck (Sektion 4). In einer Rekordzeit von je 71 Tagen entstand so ein neues U-Boot. Bis zum Jahre 1945 hätten 40 Boote monatlich vom Stapel laufen können, wenn die Alliierten nicht einen Großteil der Werften zerbombt hätten.
Am 3. April 1945 warf die RAF 2200 Tonnen Bomben auf die Hafenanlagen und die Howaldtswerke in Kiel, um den Bau der U-Boote zu stoppen. 120 Mosquito-Bomber der RAF griffen in den Abendstunden des 2. Mai 1945 nochmals Kiel an, um das Auslaufen von frontreifen U-Booten nach Norwegen zu verhindern.
Einen Monat zuvor hatten 939 Bomber der RAF die U-Boot-Base und Flakfestung Helgoland umgepflügt. Im gleichen Monat warfen 440 Bomber der RAF die überschweren „Grand Slam"- und „Tallboy"-Bomben auf die Anlagen der Deutschen Werft in Hamburg. Sie verfehlten ihr Ziel und richteten große Verwüstungen in den umliegenden Wohngebieten an. Trotz zahlreicher Präzisionsangriffe auf Hamburgs U-Bootwerften lagen bei Kriegsende noch 14 Boote vom modernen Typ XXI auf den Helgen von Blohm und Voss. Nur ein Boot war ernsthaft beschädigt.
Die Luftangriffe der Alliierten hatten den deutschen U-Bootbau auch durch die Beschädigung und Vernichtung der Verkehrswege, hauptsächlich des norddeutschen Kanalnetzes, behindert, aber nicht zerschlagen.

Anflug aus Süden auf die Deutsche Werft an der Norderelbe am 5. Juni 1945. Im Hintergrund links der Turm von St. Michaelis, dem Wahrzeichen Hamburgs.

Vor dem stark beschädigten U-Bootbunker in Hamburg-Finkenwerder liegen am 11. Mai 1945 die bei der Kapitulation selbstversenkten U-Boote – der ganze Stolz der deutschen Kriegsmarine; am 30. März 1945 flogen 64 B-17-Bomber der 8. USAF noch einen gezielten Angriff auf die U-Boot-Werften und die Stadt.

Der Hamburger Hafen am 18. April 1945. Am oberen Rand das Gaswerk von Groß-Grasbrook und unten im Bild der Segelschiffhafen, der Hansahafen, der Indiahafen, der Südwesthafen sowie der Grenzkanal und der Reiherstieg. Alle Hafenbecken und die durchfließende Norderelbe sind mit Öllachen aus versunkenen Schiffen und zerstörten Öltanks bedeckt.

Ölschlieren durchziehen die Hafenbecken von Hamburg-Steinwerder am 22. März 1945. In der Mitte erkennt man den Nordhafen. Rechts oben der Kuhwerder Hafen, Kaiser-Wilhelm-Hafen und Ellerholzhafen. Links im Bild erscheint der Vulkanhafen. Die Hallen unten gehören zur Howaldtswerke AG.

Vorherige Seite:
Die Deschimag-Werft in Bremen-Gröpelingen ist trotz schwerster Präzisionsangriffe von der 1. Air Division mit 448 B-17 und 1154 Tonnen Bomben im Mai 1945 nur leicht beschädigt.

Oben: Nach dem Einmarsch der Alliierten liegen noch Dutzende von U-Booten im Sektionsbau auf den Helgen der Deschimag (Deutsche Schiffs- und Maschinenbau AG in Bremen-Gröpelingen).

Unten: Gekenterte Schiffe liegen im Überseehafenbecken von Bremen-Walle nach der Kapitulation am 8. Mai 1945.

Oben: Normaler Flugbetrieb herrscht an der Travemündung auf dem See- und Landflugplatz in Travemünde-Privall am 29. Mai 1944.

Unten: Cuxhaven ist am 7. April 1945 noch stark von kleinen Einheiten der deutschen Kriegsmarine belegt.

Nächste Seite:
Der Erzhafen Emden war Ziel der ersten und letzten Angriffe der RAF während des Zweiten Weltkrieges. Am Ende des Krieges flogen noch Flugschüler der RAF ihre ersten Angriffe auf den Hafen und die Stadt. Trotz starker Zerstörung konnten die Schleusen passierbar gehalten werden. Die Aufnahme stammt vom 24. März 1945.

Oben: Das westliche Hafenbecken von Wilhelmshaven ist am 24. März nur geringfügig beschädigt.

Unten: Am 9. April 1945 herrscht noch reger Schiffsbetrieb vor den Schleusen des Kaiser-Wilhelm-Kanals bei Kiel-Holtenau. Ein größeres Fährschiff ist an der Mole nach Bombentreffern gekentert. Noch am 2./3. Mai 1945 flogen 126 Mosquitos der RAF gezielte Angriffe auf auslaufende Schiffe, um die Verbindung nach Norwegen zu unterbinden.

Nächste Seite:
Das südliche Hafenbekken von Kiel zeigt am 9. April 1945 starke Zerstörungen. Die Stadt Kiel mußte 90 Luftangriffe hinnehmen. 553 508 Zentner Bomben fielen auf die Stadt und die Hafenanlagen. 2515 Zivilisten kamen dabei ums Leben.

Oben: Der Hafen von Travemünde wurde im April 1945 erstmals schwer bombardiert. In Splitterboxen des Land- und Seeflughafens stehen zahlreiche Flugzeuge.

Nächste Seite: Flensburg-Sandberg mit dem südlichen Hafenzipfel bietet am 9. April 1945 noch ein friedliches Bild. Nach Flensburg wich bei Kriegsende die Regierung Dönitz aus.

IV. Am Ende das Chaos – die Zerschlagung des Verkehrsnetzes

Auf der Zielliste der Amerikaner standen, bis auf wenige Ausnahmen, nicht die deutschen Innenstädte, sondern konkrete Zielortbeschreibungen für die anzugreifenden Objekte, hauptsächlich Verkehrsziele. 177 Einzelziele waren vom Oberkommando der 8. USAF festgelegt. Die präzise Zielangabe für die US-Angriffe auf das Transportwesen können aber auch relativ betrachtet werden. Hinter der Zielangabe Rangierbahnhof („Marshalling Yard"), dem meist angegebenen Ziel, verbarg sich gleichzeitig die Zerstörung eines der umliegenden Wohnviertel, bei kleineren Städten fiel mitunter das halbe Stadtgebiet in Schutt und Asche.
Zum Kriegsende kam es zum Ausverkauf der möglichen Angriffsziele. Die Bahnhöfe der Klein- und Mittelstädte standen ganz oben auf der Zielliste. Ein kleiner Rangierbahnhof genügte schon, um eine Siedlung auszulöschen. Die schwersten Schäden, bezogen auf die Einwohnerzahl, trugen nicht die Großstädte davon, sondern 158 Klein- und Mittelstädte. Die dichtgedrängte Bauweise in exponierter Tal- oder Berglage gaben für die angreifenden Bomber ein gutes Ziel. Ohne Flakschutz und ausreichenden Luftschutz – die modernen Feuerwehren waren mit ihren Löschzügen in den Großstädten zusammengezogen – hatten die angegriffenen Kleinstädte die meisten Opfer zu beklagen:
Wegen ihrer Rangierbahnhöfe gingen Lahnstein, Bingerbrück und Mainz-Bischofsheim unter oder wurden schwerstens getroffen. Auch für die Großstädte wurden Verkehrsziele als erstes Angriffsziel für die US-Air Force angegeben, so bei Berlin, Kassel, Stuttgart, Ulm und Mainz. Koblenz mußte 37 Angriffe wegen seiner Mosel- und Rheinbrükken sowie seiner Rangierbahnhöfe hinnehmen. Die Alliierten versuchten mit allen Kräften, das Nadelöhr des Verkehrsnetzes am Rhein auszuschalten.

Gezielte Angriffe flogen die RAF und die 8. USAF auf die Bahnanlagen in Niederlahnstein am Rhein, die Hohenzollernbrücke in Köln, die Rheinbrücken bei Neuss, Rheine und Bonn. Ohne sichtbaren Erfolg blieben die Angriffe auf die Rheinbrücken in Mainz. Spektakulär waren schon die Angriffe der RAF am 16./17. Mai 1943 auf die Möhne- und Sorpetalsperre im Ruhrgebiet und die Edertalsperre. 19 Lancaster, jeweils mit einer „Rollbombe“ von drei Tonnen Gewicht beladen, ließen die Möhne- und Edertalsperre zerbersten. 1294 Menschen ertranken in den herabstürzenden Wassermassen der Möhnetalsperre.

Trotz starker Flaksicherung griffen die Alliierten gezielt das Kanalnetz Norddeutschlands an. Der Dortmund-Ems-Kanal und der Mittellandkanal wurden mehrmals getroffen und liefen auf mehreren Kilometern leer. Damit waren wichtige Zubringer für die kriegswichtigen Werften an der Nord- und Ostsee ausgeschaltet. Der auf Sektionsbauweise angelegte U-Boot-Bau stockte.

Kurz vor Kriegsende setzte die RAF die überschweren 10 000-Kilo-Bomben „Grand Slam“ gegen die Viadukte bei Bielefeld, Arnsberg an der Ruhr und Altenbeken ein. Die rechtzeitig ausgelagerte Rüstungsindustrie produzierte in abgelegenen Orten und in stillgelegten Salzbergwerken bis zum Kriegsende mit voller Leistung. Vor den Eingängen der Stollen und der unterirdischen Produktionsstätten stapelten sich die Fertigteile.

Auf den Schienen und Straßen rollten keine Räder mehr zum Sieg. Das Verkehrsnetz war durch den massiven Einsatz der alliierten Luftstreitkräfte zerstört.

Im Anflug aus Osten auf Speyer am 22. September 1946. Aus den Fluten des Rheins ragen noch die Reste der zerstörten Straßenbrücke. Der mächtige Dom im Hintergrund hat die Kriegswirren unbeschadet überstanden.

Unbeschädigt blieb die Eisenbahnbrücke über dem Kaiser-Wilhelm-Kanal bei Rendsburg.

Nächste Seite:
Die Bahnanlagen von Neumünster und die umliegenden Wohnviertel sind am 9. April 1945 schwer zerstört.

Oben: Der Bahnhof von Oberhausen ist am 21. März 1945 noch fast unbeschädigt. Die Industrieanlagen und die umliegenden Wohnviertel allerdings sind schwer getroffen.

Unten: Am 24. März 1945 ist die Bahnspange in Hamm noch intakt und repariert, trotz zweier Präzisionsangriffe der 8. USAF am 7. Januar und 16. Februar 1945.

Nächste Seite:
Die USAAF-Aufnahme vom 24. März 1945 zeigt den Stadtkern von Halle mit dem rund angelegten Kaiserplatz und der Pauluskirche.

Vorherige Seite:
Die Bahnanlagen von Münster am 21. März 1945. Ein Angriff von 170 B-24 Bombern traf sie am 17. März 1945 schwer.

Oben: Blick auf das Bahnhofsgelände von Soest am 28. März 1945 nach vier schweren Angriffen der RAF und der 8. USAF.

Unten: Wiederhergestellt steht, von Flak stark gesichert, die Möhnetalsperre am 7. April 1945. In der Nacht vom 16./17. Mai 1943 griffen 19 Lancaster-Bomber im Tiefflug mit den rollenden Spezialbomben die Sperre an und trafen die Sperrmauer. 1294 Menschen ertranken in den herabstürzenden Fluten. Das Kraftwerk am Fuß der Mauer wurde bis 1945 nicht wieder aufgebaut.

Oben: Das Viadukt bei Bielefeld-Brake nach dem schweren RAF-Angriff mit „Grand Slam"-Bomben am 10. März 1945.

Unten: Die Auffahrt zum Viadukt in Bielefeld ist schwer beschädigt.

Nächste Seite: Arnsberg/Ruhr am 11. April 1945. 115 B-24 Bomber griffen am 10. März 1945 das Viadukt an.

Oben: Bahnanlagen und die Wohnviertel der Stadt Siegen sind im März 1945 verwüstet.

Nächste Seite:
Die Göttinger Bahnanlagen sind im April 1945 durch die Wirkung von Einzelabwürfen unterbrochen.

Oben: Das Bahnviadukt über das Duhnetal bei Altenbeken mit Beinahe-Treffern und Beschädigungen.

Unten: Der zerstörte Mittellandkanal bei Minden über der Weser im April 1945.

Nächste Seite:
Ein Bild der Verwüstung bietet Kassel an der Fuldaschleuse am 5. April 1945.

Oben: Gesunkene Schiffe im Mittellandkanal bei Hannover am 11. April 1945.

Unten: Wenig zerstört ist der Ort Grimlinghausen südöstlich von Neuss am 26. März 1945.

Nächste Seite:
Zerstörte Straßenbrücke östlich von Neuss am 26. März 1945 unter amerikanischem Artilleriefeuer.

Vorherige Seite: Bombardierte und gesprengte Eisenbahnbrücke östlich von Neuss am 26. März 1945 von Nordwest aus gesehen.

Oben:
Zerstörte Straßenbrücke östlich von Krefeld.

Oben: Gesprengte Straßenbrücke bei Rheinhausen-Hochfeld.

Unten: Im Rhein liegt die Straßenbrücke von Homberg nach Duisburg (26. März 1945).

Nächste Seite:
Anflug von Westen aus auf den Hafen Hochfeld (Duisburg-Süd) am 26. März 1945. Im vorderen Hafenbecken liegen durch Bombeneinwirkungen gesunkene oder selbstversenkte Rheinschiffe.

Oben: Die Einfahrt zum Hafen Duisburg gegenüber Hochheide von Westen aus gesehen.

Unten: Mit Panzergräben, Panzersperren und Laufgräben wurde Vorst bei Krefeld zur Rundumverteidigung vorbereitet.

Nächste Seite:
Das Hafenbecken von Köln-Mühlheim mit gesunkenen Kähnen und zerbombten Hafenanlagen am 2. März 1945.

Oben: Die mehrfach bombardierte und zuletzt gesprengte Eisenbahn- und Straßenbrücke bei Köln-Deutz über den Rhein am 31. Mai 1945.

Nächste Seite:
Die Rheinbrücke bei Bonn im gezielten Bombenhagel vom 12. 08. 1943.

Oben: Die am 16. Januar 1945 zerbombte Straßenbrücke von Weisenthurm bei Neuwied. Aus Südosten fotografiert am 11. Mai 1945.

Unten: Das Deutsche Eck bei Koblenz ohne das zerschossene Kaiser-Wilhelm-Denkmal mit den teilweise wieder reparierten Moselbrücken. In den Hafenbecken liegen gesunkene Rheinschlepper. USAF-Aufnahme vom 22. September 1946.

Nächste Seite:
Blick aus dem Osten auf die Koblenzer Moselbrücken. Vorne rechts die Balduinbrücke und dahinter die Eisenbahnbrücken. Die Florenskirche ist zum Teil ausgebrannt. Koblenz mußte wegen seiner exponierten Verkehrslage an der Mündung der Mosel und der wichtigen Mosel- und Rheinbrücken 41 Angriffe der RAF und 8. USAF hinnehmen. 867 Menschen wurden dabei getötet und 63 % der Innenstadt zerstört.

Vorherige Seite: Bingen im Anflug von Norden aus. Die Eisenbahnbrücke über die Nahe ist wieder intakt. Am 22./23. Dezember 1944 erlebte die Stadt ihren schwersten Angriff durch 106 Bomber der RAF.

Oben: Schwere Schäden erhielt Koblenz auch im Stadtgebiet. Anflug von Osten aus. Im Vordergrund das Gebäude der Bezirksregierung.
USAF-Aufnahmen vom 22. September 1946.

Vorherige Seite: Lahnstein wurde nur wegen der Bahnlinien, die den rechtsrheinischen Verkehr über den Fluß führen, bombardiert. Die Brücken sprengte die Wehrmacht im März 1945.

Oben: Anflug von Süden aus auf die 1940 eingestürzte Autobahnbrücke von Frankenthal. Im Vordergrund die Ernie-Pyle-Bridge auf Holz- und Stahljochen. Erbaut von der 7. US-Army im März 1945. Links im Bild die Einmündung zum Stichkanal nach Frankenthal.

Unten: Die gesprengte Eisenbahnbrücke bei Speyer im Anflug von Norden. Davor eine Pontonbrücke der US-Army.

Oben: Gestrandeter und gesunkener Rheinkahn am rechts-rheinischen Ufer vor Aßmannshausen im Mai 1945.

Unten: Blick auf die am 20. März 1945 gesprengte Nibelungenbrücke in Worms. Rechts zu erkennen die Festspielwiese und das humanistische Gymnasium.

Nächste Seite:
Von der Schmuckstadt Pforzheim blieb im März 1945 nur ein Trümmerfeld übrig. Die Honigwabenstruktur der ausgebrannten Häuser zeugt von dem schweren Angriff der RAF am 23./24. Februar 1945.

Oben: Die Bahnanlagen von Neunkirchen sind im März 1945 durch massive Angriffe der 8. USAF unbrauchbar.

Nächste Seite: Ein Präzisionsangriff von 9 B-17 Bombern zerstörte mit 27,0 t Bomben am 25. Dezember 1945 die Eisenbahnbrücke über die Nahe bei Bad Münster am Stein. Links im Bild die Ebernburg, auf der Ulrich von Hutten während der Reformationszeit Unterschlupf fand. Unten im Bild erscheint der Felsen des Rheingrafenstein.

Oben: Der gesprengte Sender Feldberg im Taunus am 11. Mai 1945. Links das Restaurant Feldberghof.

Unten: Amerikanische Fernmeldeeinheiten haben einen Notsender neben dem gesprengten Sendeturm errichtet. Der Anflug erfolgt mit einer Lightning von Südwesten aus.

Nächste Seite:
Gesunkene Rheinschiffe im verwüsteten Hafenbecken des Mainzer Zollhafens am 31. Mai 1945. Anflug aus Südosten über die Neustadt.

Oben: Der teilweise zerstörte Verschiebebahnhof von Mainz-Bischofsheim am 9. März 1945. Ein Angriff der 8. USAF vom 13. Januar 1945 sollte den zweitgrößten Verschiebebahnhof für den Wehrmachtsnachschub ausschalten. Die Bomben vernichteten den Ort Bischofsheim mehr als die Gleisanlagen.

Unten: Blick am 31. Mai 1945 aus Südosten auf den Bahnhofsplatz und Bahnhof von Mainz. Rechts das beschädigte Central-Hotel. Mehrere gezielte Angriffe der 8. USAF versuchten diesen wichtigen Rangierbahnhof zu treffen.

Nächste Seite:
Anflug aus Nordosten auf die schwer beschädigten Bahnanlagen von Aschaffenburg am Main. Unbewohnbar geworden sind die Häuser in unmittelbarer Nachbarschaft.

KALKWERKE
BAUSTOFFE

Vorherige Seite:
Eingeebnet ist der Bahnhof von Landshut-Nord mit dem Stadtteil Altdorf am 9. April 1945.

Oben: Die Stadt Landshut bildet noch am 9. April bis auf die Bahnanlagen ein unzerstörtes Bild. Am 16. April 1945 griffen nochmals 273 B-24 Bomber der 2. AD mit 679,8 t Bomben die Stadt an und verursachten schwerste Schäden.

Vorherige Seite: Regensburg-Karthaus erlebte den letzten Großangriff von 134 Bombern der 8. USAF am 21. Juli 1944. Die Aufnahme stammt vom 9. April 1945. Am 11. und 16. April griffen erneut 146 B-17- bzw. 148 B-24 Bomber die Verkehrsanlagen in Regensburg und den Fliegerhorst Ober-Straubling an.

Oben: Die Gleisanlagen des Hauptbahnhofs von Ulm aus Nordost am 11. Mai 1945 angeflogen. Im Vordergrund stehen beschädigte Elektro- und Dampfloks.

Unten: Das beschädigte Gaswerk von Ulm mit verlassenen Löschfahrzeugen.

Oben: Ein Bomben-Volltreffer hat einen Eisenbahnzug auf den Gleisanlagen von Neu-Ulm auseinandergerissen. Die umliegenden Wohnblocks und Betriebsanlagen sind am 7. Mai 1945 total zerstört.

Unten: Anflug auf die total zerstörten Gleisanlagen des Rangier- und Güterbahnhofs von Ulm.

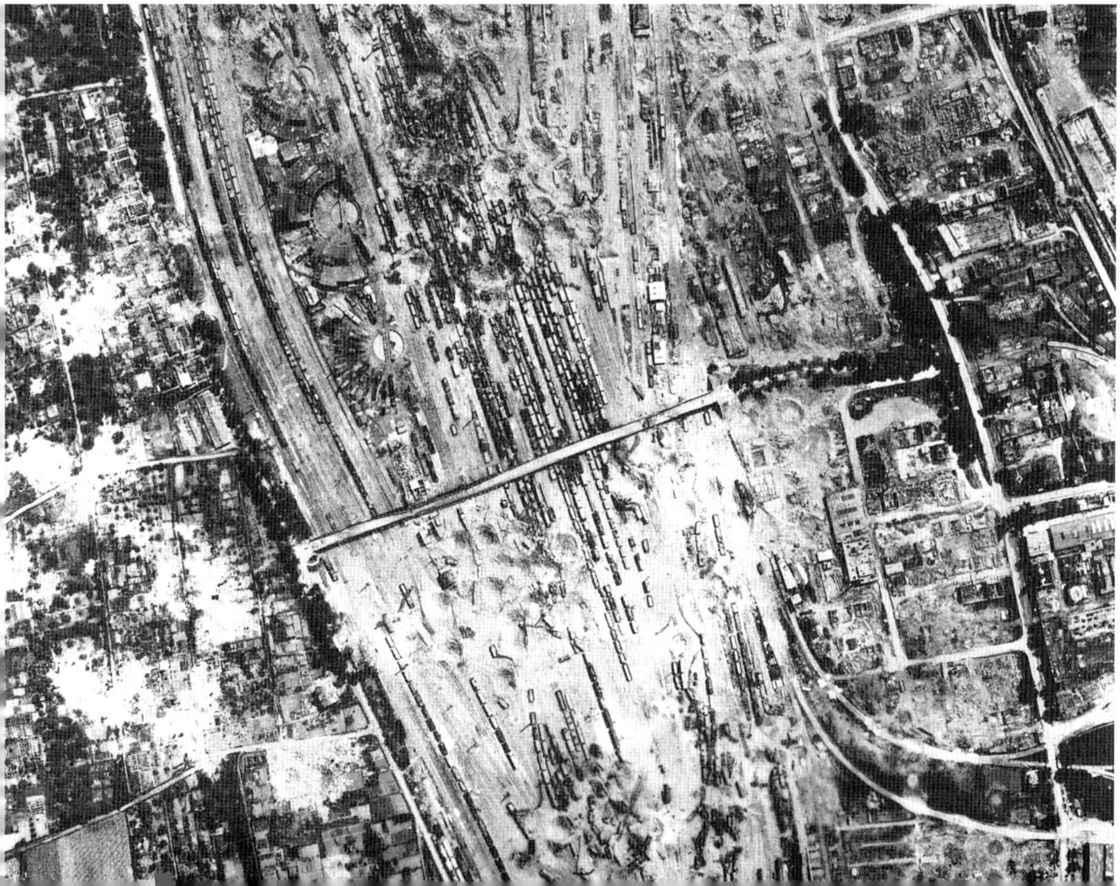

Nächste Seite:
Am Tag der Kapitulation 1945 ist der Verschiebebahnhof von Ulm nur ein Schrotthaufen von verbogenen Gleisen und Eisenbahnwaggons. Im Hintergrund von links nach rechts sind die Paulus-Kirche, die St. Georg-Kirche und das Ulmer Münster zu erkennen.

D US7GR/LOC7D(LIB 8MAY45 12" 500' 22SQ

Oben: Am 11. Mai 1945 ist die Einfahrt zum Bahnhof München schon wieder passierbar. Über die Donnersbergbrücke fahren Zivilisten mit ihren Fahrrädern.

Nächste Seite:
Anflug aus Westen über die zerstörten Bahnhofshallen des Münchner Bahnhofs in Richtung Frauenkirche.

Vorherige Seite:
Der Bahnhof von Garmisch-Partenkirchen wurde noch am 17. April 1945 von Bombern der USAF angegriffen und mit Bomben belegt.

Oben: Nach drei schweren Angriffen der 8. USAF vom 20. Juli 1944, 4. Dezember 1944 und 12. März 1945 gleichen die Bahnanlagen des Friedberger Bahnhofs einer Kraterlandschaft. Rangierbahnhof, Lokomotivschuppen und Versorgungsdepots sind zerstört. 87 Friedberger kamen in den Trümmern um. Aufnahme vom 28. März 1945.

V. Vergeblicher Schlag gegen die Rüstungsindustrie

Als schon viele deutsche Großstädte „hamburgisiert" und unersetzbare Kulturgüter und Kunstschätze ein Raub der Flammen geworden waren, produzierte die deutsche Rüstungsindustrie uneingeschränkt weiter. Sogar im fünften Kriegsjahr, 1944, gelang es der Rüstungsindustrie durch den rigorosen Einsatz aller Arbeitskräfte, die Erhöhung der Wochenarbeitszeit auf 60 Wochenstunden sowie die Mobilisierung der letzten Rohstoffreserven, eine beträchtliche Produktionssteigerung zu erzielen. Die mehrjährigen Nachtangriffe der Royal Air Force hatten die Industrie nur zufällig getroffen. Eine Ausnahme bildeten dabei nur die Angriffe auf die Krupp-Werke in Essen. Erst durch das Einsetzen der Präzisionsangriffe der 8. US Air Force, an denen sich vereinzelt auch die RAF beteiligte, brachten längere Produktionsausfälle und Stilliegezeiten bei den Rüstungsbetrieben.

Auch 1944 war es ein großes Risiko für die einfliegenden Bomberverbände, das Ruhr-Revier anzugreifen oder zu überfliegen. Das „Happy Valley" (glückliches Tal), was für die Verbände gerade das Gegenteil bedeutete, war durch massierten Flakschutz gesichert.

Mit den für die gegnerische Seite verlustreichen Präzisionsangriffen auf die Wälzlagerindustrie in Schweinfurt, die Flugzeugwerke in Regensburg und die Flugzeugwerke in Marienburg hatten die Amerikaner schon 1943 bewiesen, daß die Rüstungsindustrie nicht unverwundbar ist. Eine rasche Dezentralisierung der Flugzeugproduktionsstätten sicherte die weitere Fertigung der dringend benötigten Abfangjäger für die Reichsluftverteidigung. Noch nie wurden im Deutschen Reich so viele Flugzeuge produziert wie im Spätsommer des Jahres 1944. Erst nach der Erlangung der totalen Luftüberlegenheit konnten die Bomberflotten rund um die Uhr die Industrieanlagen angreifen.

Alle kriegswichtigen Werke, die noch in den angestammten Standorten verblieben, wurden im Laufe des Jahres durch massive Bombenangriffe vernichtet. Bis zum Jahresende glichen die Werksanlagen der Schwermaschinenindustrie und der Flugzeugindustrie in Köln, Dortmund, Essen, Gladbeck, Oberhausen, Braunschweig, Stuttgart, Kassel, Berlin, Leipzig, Augsburg, München, Rüsselsheim nur noch einer Trümmerwüste.

Aber auch hier gab es Ausnahmen: Trotz fast täglicher Angriffe auf die Rüstungsindustrie in Groß-Berlin fuhren noch im April 1945 die deutschen Panzer direkt von den Fabrikhallen zur nahen Front vor die Stadt. Erst die Eroberung der Stadt durch die Sowjets stoppte die Produktion.

Die schwer beschädigten Krupp-Werke in Essen am 16. April 1945 zeigt diese USAAF-Aufnahme. Ein letzter Großangriff der RAF mit 1079 Maschinen aller Bombergruppen am 11. März 1945 auf die Industriestadt Essen forderte nochmals 897 Tote.

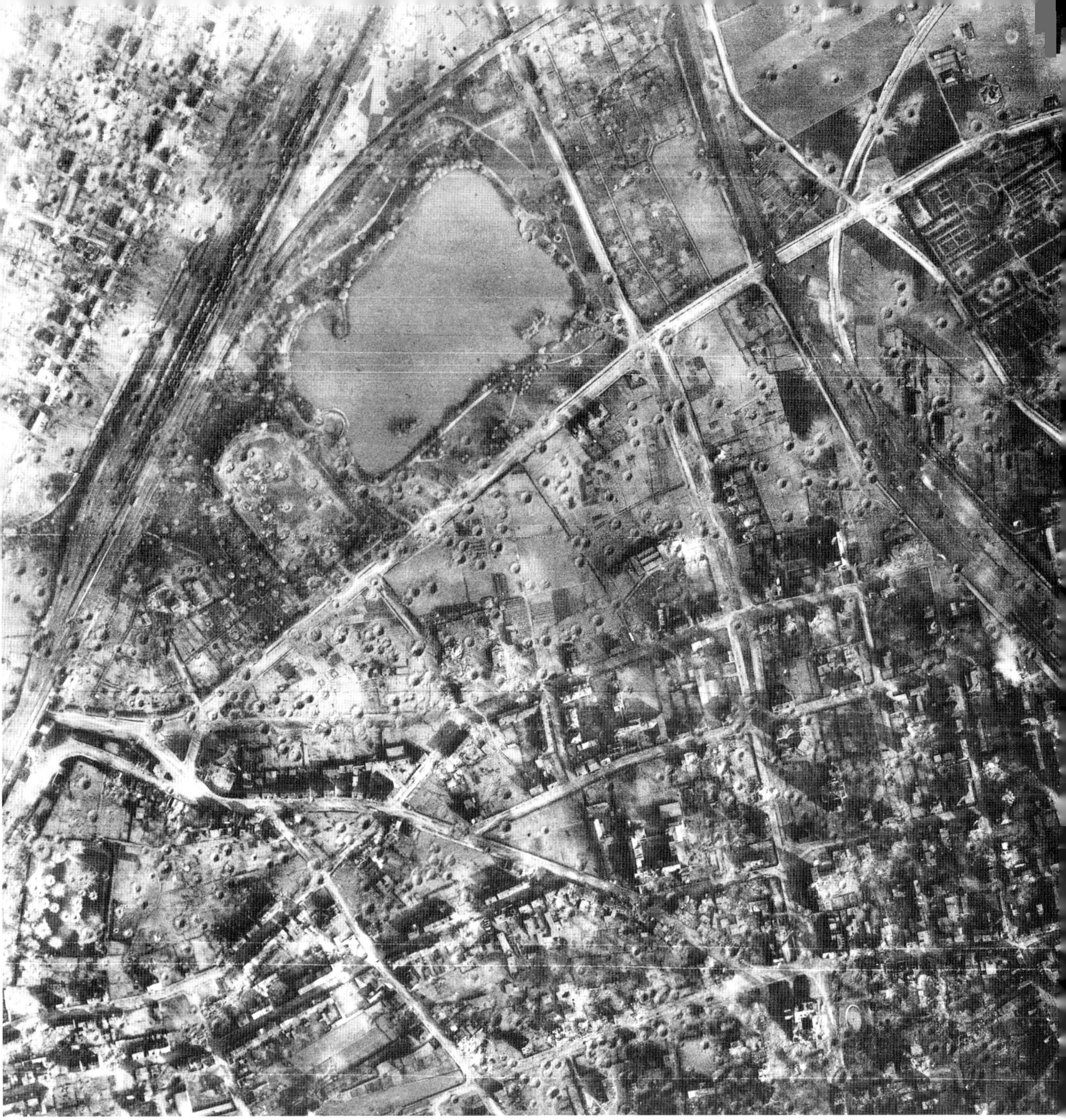

Oben: Nur noch eine Kraterlandschaft stellt Gladbeck-Süd am 25. März 1945 dar. Einen Tag zuvor hatten 173 Lancaster-Bomber der RAF die Zechen, Hüttenwerke und Hydrierwerke in Gladbeck erfolgreich bombardiert.

Nächste Seite:
Die Industrieanlagen in Duisburg-Bruckhausen sind kaum beschädigt, obwohl Duisburg während des Krieges 18 RAF-Angriffe hinnehmen mußte. Sie gingen hauptsächlich gegen die Wohngebiete. Die Aufnahme stammt vom 23. März 1945.

Oben: Nur geringe Schäden weisen die Industrieanlagen in Mühlheim/Ruhr auf im Frühjahr 1945.

Unten: Die Chemiewerke des IG-Farben Konzerns in Leverkusen sind am 5. April 1945 nur in den Randzonen beschädigt.

Nächste Seite:
Rüsselsheim am Main: 23. März 1945.
Die Opel-Werke sind durch mehrere RAF- und USAF-Angriffe des Jahres 1944 außer Bertrieb.

T US

Oben: Die Eisenacher Motorenwerke sind am 22. März 1945 kaum beschädigt.

Nächste Seite:
Mitten in den Bombenkratern von Oberhausen-Osterfeld steht eine fast unbeschädigte Zechenanlage.

Oben: Der zerstörte Kopfbahnhof von Leipzig nach dem letzten RAF-Angriff vom 10./11. April 1945 mit 76 Lancaster Bombern.

Nächste Seite:
Unbeschädigt arbeiten die Industriewerke in Rheinhausen noch im Jahre 1944.

Oben: Schwere Schäden haben die Gießereien in Krefeld-Herdingen am 26. März 1945.

Unten: In dichten Rauch gehüllt sind die Industrieanlagen bei Walsum an der Emscher-Kanal-Mündung am 26. März 1945.

Trotz mehrerer Angriffe ist das Volkswagenwerk am Mittellandkanal am 10. April 1945 noch teilweise in Betrieb. Oben im Bild das alte Dorf Sandkamp.

Unten:
Wiederhergestellt ist das Kraftwerk der Volkswagenwerke im April 1945.

Oben: Eine Industrieanlage am Mittelandkanal bei Hannover-Havelse hat mittlere Schäden. Nördlich im Wald liegt die Heilstätte Heidehaus.

Unten: Keine Schäden zeigen die Industrieanlagen und Wohnstätten in Salzgitter-Lebenstedt.

Nächste Seite:
Die Zementwerke bei Neuwied am Rhein haben ohne Schäden den Krieg überdauert. Die Brücke im Hintergrund wurde ein Opfer eines Präzisionsangriffs vom 16. Januar 1945.

Vorherige Seite:
Eingeebnet ist ein Großteil der Anlagen des IG-Farbenwerkes in Ludwigshafen am 24. März 1945.

Anflug aus Norden auf den Werks-Rangierbahnhof der BASF in Ludwigshafen am 7. Mai 1945. Einige Fabrikhallen im Nordteil des Werkes der BASF stehen noch.

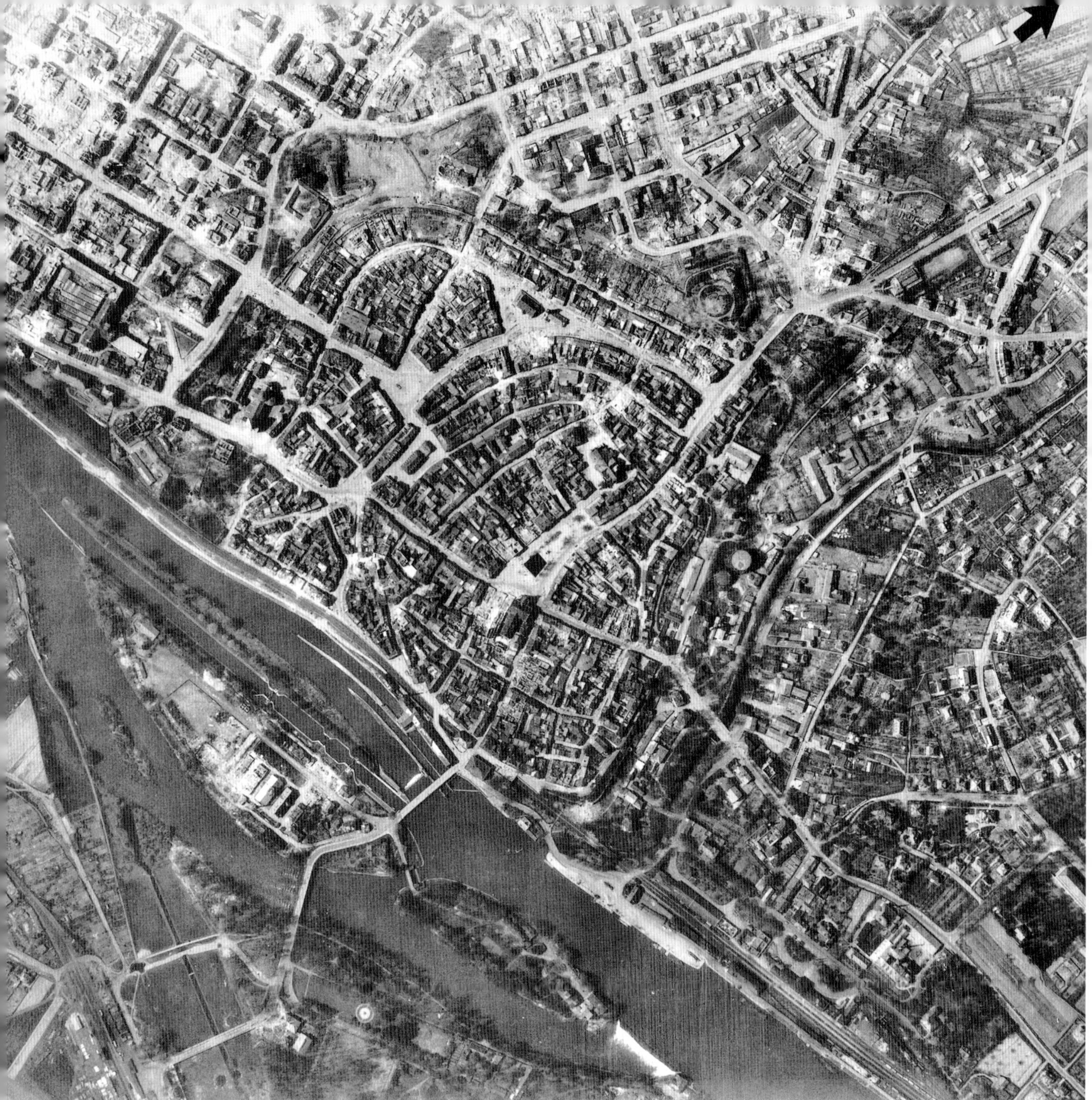

Vorherige Seite:
Rheinhafen und Bahnanlagen der BASF in Ludwigshafen, vormals IG Farben, sind eingeebnet.
Der Schornstein des Karbidwerkes steht noch.

Oben: Trotz schwerster Angriffe der 8. USAF auf die Wälzlagerindustrie seit dem Jahre 1943 ist ein Teil von Schweinfurt noch unzerstört.

Oben: Im Anflug aus Osten sieht man die Zerstörungen bei einigen Fabrikhallen der BMW-Werke in Milbertshofen am 7. Juni 1945.

Unten: Die Flugzeugwerke in Neuaubing bei München am 7. Juni 1945.

Nächste Seite:
Anflug aus Süden auf die stark zerstörten Borsig-Werke in Berlin-Tegel am 22. März 1945.

Geheimprojekt „Mittelbau“.
Im Anflug über die Baracken des Häftlingslagers „Dora“. Außenkommando des KZ Buchenwald am Südrand des Kohnsteinberges. Gut zu erkennen ist der elektrische Zaun, der das Straflager – SS-Jargon „Häftlings-Erholungslager“ umgab. Das zum Stammlager „Dora“ avancierte KZ „Dora“ war am 28. Oktober 1944 mit 32532 Häftlingen belegt. USAAF Aufnahme vom 23. März 1945. Die Stollen unter dem Kohnstein beherbergten die größte unterirdische V1- und V2-Fabrik des NS-Reichs.

VI. Der Untergang Ost- und Mitteldeutschlands

Als der Beton wegen des unsinnigen Bauvorhabens am Atlantikwall knapp wurde, stoppte die NS-Führung das bescheidene Schutzbunkerbauprogramm in den Ballungsräumen und ordnete die Evakuierung der überflüssig gewordenen Bevölkerung an. Sechseinhalb Millionen Großstädter sollten nach dem Willen der Partei-Oberen auf das Land umgesetzt werden.

Die Kinderlandverschickung brachte Tausende von Schülern weit in den Osten und überließ sie 1945 ihren leidvollen Schicksalen.

Das war auch der Grund für die Überbevölkerung in den verhältnismäßig sicheren Räumen Mittel- und Ostdeutschlands. Als in den Morgenstunden des 12. Januar 1945 die Rote Armee aus dem Baranow-Brückenkopf losstürmte, tat sich für Einheimische und Evakuierte die Hölle auf.

Auf den Endsieg hoffend, gaben die Parteigrößen keinen oder aber einen viel zu späten Evakuierungsbefehl, brachten jedoch sich selbst in Sicherheit. Allen voran der Gauleiter von Ostpreußen, Erich Koch, der sich mit einem eigens für sich beschlagnahmten kleinen Bäderdampfer absetzte.

Viel zu spät lösten die Parteiapparate den Evakuierungsbeginn aus. So »Freundsberg« für die Trecks aus dem Wartheland und »Regen« für die Räumung von Pommern am 22. Januar 1945.

Gegen den Ansturm von drei sowjetischen Heeresgruppen brach die deutsche Ostfront von Schlesien bis zur Ostsee wie ein Kartenhaus zusammen.

Für die Absicherung des Luftraumes verfügte die 2., 4., 16. und 18. Luftarmee über 7500 Kampfflugzeuge und eine spezielle Langstreckenbombereinheit mit 800 Maschinen. Am Südflügel operierten die 5. und 17. Luftarmee.

Dieser ungeheuren Luftstreitmacht setzte die Luftwaffe insgesamt 2000 Maschinen, die

wegen des chronischen Flugbenzinmangels meistens am Boden blieben und nur zu sporadischen Einsätzen aufstiegen, entgegen.
Am 12. Januar fielen Gleiwitz und Beuthen, am 25. Januar überschritten General Konjews Truppen die zugefrorene Oder bei Brieg und Steinau, am 27. Januar schloß sich der Ring um Posen und am 30. Januar erschienen Schukows Truppen beiderseits von Küstrin und bildeten zwei starke Brückenköpfe.
Die weit verbreitete Meinung, die Zivilisten müßten nun aus einem luftkriegverschonten Gebiet fliehen, ist genau so falsch wie die Behauptung, nach Abschluß der Konferenz von Jalta vom 4. bis 11. Februar hätten die West-Alliierten nur noch Städte im versprochenen sowjetischen Machtbereich bombardiert.
In mondhellen Nächten griff die RAF wegen der leichteren Zielfindung die Küsten- und Hafenstädte Warnemünde am 9./10. Mai 1940 und 8./9. Mai 1942, Wismar am 5./6. August 1940 und 23./24. September 1942, die Skoda Werke in Pilsen am 19. und 20. November 1940, Stettin am 19./20. September 1941, Rostock am 11./12. September 1941, und vom 23.-27. April 1942, Danzig am 11. Juli 1942, Peenemünde am 17./18. August 1943 und mitteldeutsche Städte, wie Leipzig, am 3./4. Februar 1943 und am 20./21. Oktober 1943 an.
Berlin nahm von Anfang bis zum Ende des Luftkrieges eine Sonderstellung ein. Bei über 310 Angriffen wurden 50000 Menschen getötet!
Königsberg erlebte am 26./27. und 29./30. August 1944 schwerste RAF-Angriffe.
Bis zur Kapitulation der Stadt am 9. April 1945 erlebte sie elf Angriffe und 69 Alarme.
Mit der Eröffnung der großen Luftoffensive im Jahre 1944 griff die 8. USAAF die Flugplätze in Tutow am 20. Februar 1944 sowie Rostock, Leipzig und Oschersleben an.
Magdeburg wurde von der 8. USAAF schon am 22. Februar und ein zweites Mal am 28. Mai 1944 bombardiert. Beim Einmarsch der 9. US-Armee am 18. April 1945 lag die Stadt nach weiteren schweren Angriffen unter Trümmern.
Warnemünde, Marienburg, Anklam, Danzig, Gdingen, Oranienburg, Potsdam, Posen, Cottbus, Eisleben, Eisenach, Zwickau, Jena, Pilsen, Chemnitz, Gera, Zeitz, Böhlen, Merseburg, Dessau, Schwerin und Halle standen auf der Zielliste.
Nach Abschluß der Jalta-Konferenz setzten die RAF und die 8. USAAF ihre Schwerstangriffe gegen die westdeutschen Städte fort: Pforzheim 23./24. 2. 1945, Mainz 27. 2. 1945, Kamen 24. 2. 1945, Zweibrücken 14./15. 3. 1945, Wuppertal 13. 3. 1945, Würzburg 16./17. 3. 1945, Hildesheim 22. 3. 1945, Dortmund 12. 3. 1945, Wesel 23./24. 3. 1945, Essen 11. 3. 1945, Osnabrück 25. 3. 1945, Bremen 22. 4. 1945, Flensburg 23. 4. 1945, Hamburg 8./9. 4. 1945, Kiel 14. 4. und 3. 5. 1945, Helgoland 18. 4. 1945, Berchtesgaden und Wangerooge am 24. 4. 1945.
Aber auch die mitteldeutschen Städte mußten noch schwere Schläge hinnehmen: Dres-

den 13./14. 2. 1945, Plauen 10./11. 4. 1945, Potsdam 14./15. 4. 1945, Dessau 7./8. 3. 1945, Saßnitz 6./7. 3. 1945, Chemnitz 5./6. 3. 1945, Pölitz 8./9. 2. 1945, Swinemünde 12. 3. 1945, Oranienburg 15. 3. 1945 und Nordhausen 3. und 4. 4. 1945.

Ost- und Mitteldeutschland gingen gleich zweimal unter: durch den unerbittlichen Endkampf und den schonungslosen Luftkrieg bis zur bedingungslosen Kapitulation der deutschen Wehmacht.

Eisschollen treiben auf der Oder bei Crossen in Nordschlesien am 7. Februar 1945. Die Übergänge sind noch intakt. Eine Ausfallstraße liegt unter Artilleriefeuer.

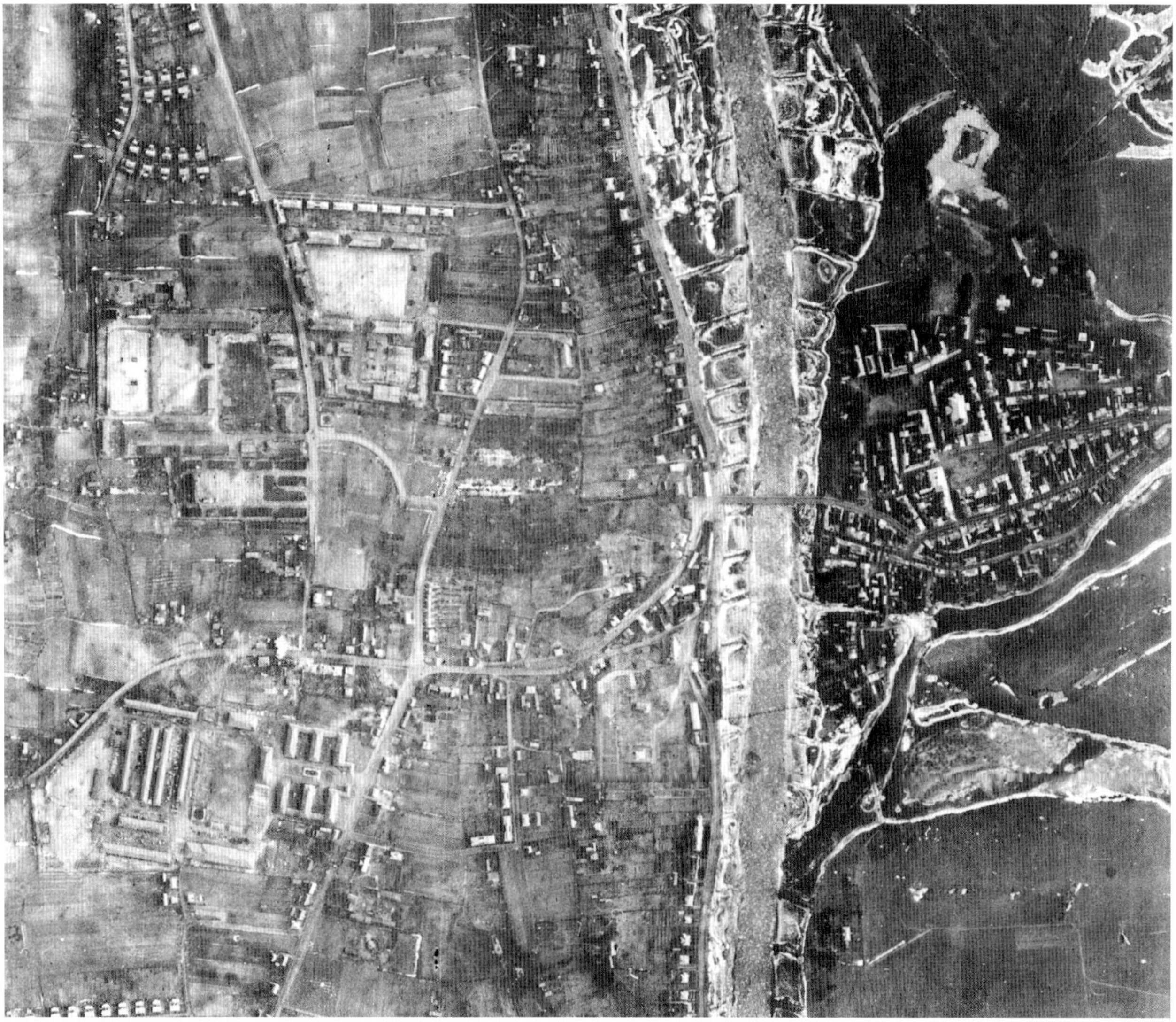

Vorherige Seite: Der alte Stadtkern der freien Hansestadt Danzig mit dem charakteristischen Festungsgraben überflogen von der deutschen Luftwaffe am 26. Juni 1944. Die Stadt ist noch ohne nennenswerte Kriegsschäden. 24 Lancaster-Bomber griffen am 11. Juli 1942 bei einbrechender Dunkelheit die Stadt an, ohne größeren Schaden anzurichten. 23 B-24 Liberators der 8. USAAF hatten mit ihrem Angriff vom 9. Oktober 1943 ebenfalls geringen Erfolg.

Oben: Dicke Rauchschwaden hängen nach dem RAF-Angriff vom 29./30. August 1944 über der zerstörten Innenstadt von Königsberg. 174 Lancaster der 5. BG zerbombten hauptsächlich den östlichen Teil der Stadt.

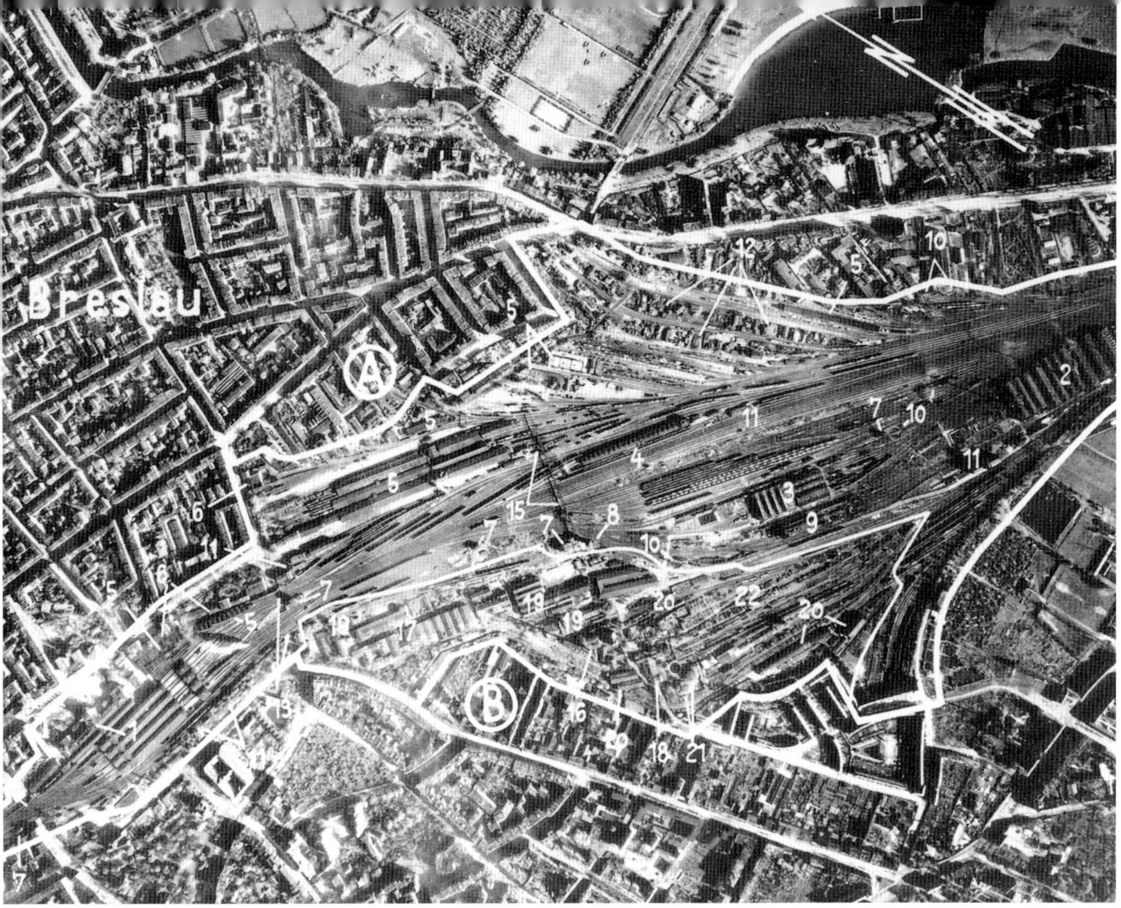

Links: Breslau ist im November 1944 von der Luftwaffe als Frontstadt nicht vorbereitet. Die Aufnahme vom 5. November 1944 zeigt neben dem besonders gekennzeichneten Bahngelände die Schweidnitzer Vorstadt, die Reuchestraße, das Rathaus und die Ohlauerstraße.

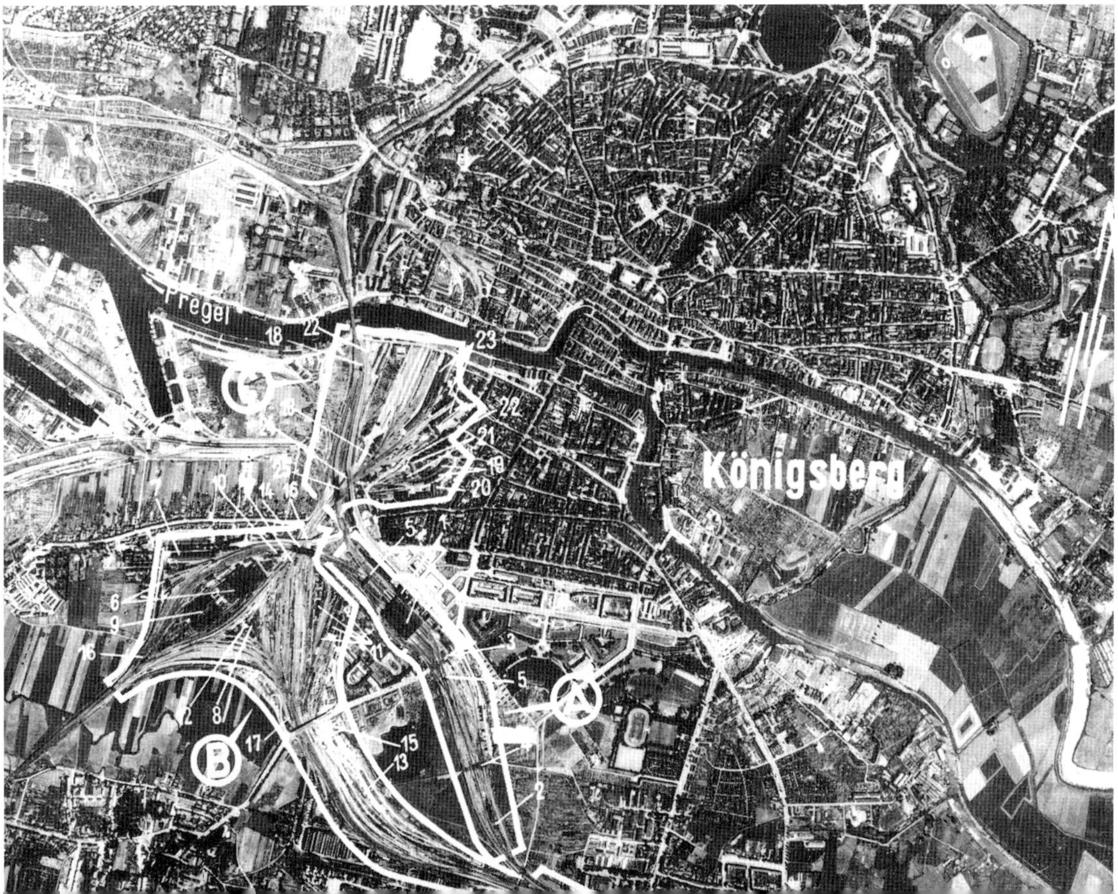

Unten: Königsberg vor den RAF-Angriffen 1944. Am 26. Juni 1944 fotografierte die deutsche Luftwaffe das Stadtzentrum und wertete die Aufnahme im November 1944 aus, um genaue Angriffsunterlagen für taktische Angriffe bei einem sowjetischen Vormarsch zu haben. Gut sichtbar sind der Stadtkern mit der Börse, der Schloßteich, der Oberteich und die Rennbahn. Farblich abgehoben sind die Bahnanlagen.

Nächste Seite: Verlassen sind die deutschen Stellungen in Bodenhausen, 3 Kilometer östlich von Goldap südlich der Rominter Heide in Ostpreußen am 14. Dezember 1944.

Vorherige Seite: Gut ausgebaute Stellungen und Panzergräben konnten Weidengrund, 9 Kilometer südöstlich von Gumbinnen an der Straße nach Merunen, nicht vor der Einnahme durch die sowjetische Armee schützen. Aufnahme vom 14. Dezember 1944.

Rechts: Hallenfelde, südlich der Rominter Heide und der östliche Teil der Straße von Filipour nach Goldap ist am 14. Dezember 1944 stark zerstört.

Auch an Groß-Trakehnen zwischen Gumbinnen und Ebenrode an der Rodcap erging am 17. Oktober 1944 der verspätete Räumungsbefehl des Gauleiters Erich Koch. Das auf die Bahn verladene Gestüt ging in Mitteldeutschland verschollen. Die im Winter aufgebrochenen Pferdetrecks des Gestüts erreichten Westdeutschland. Aufnahme vom 12. Januar 1945.

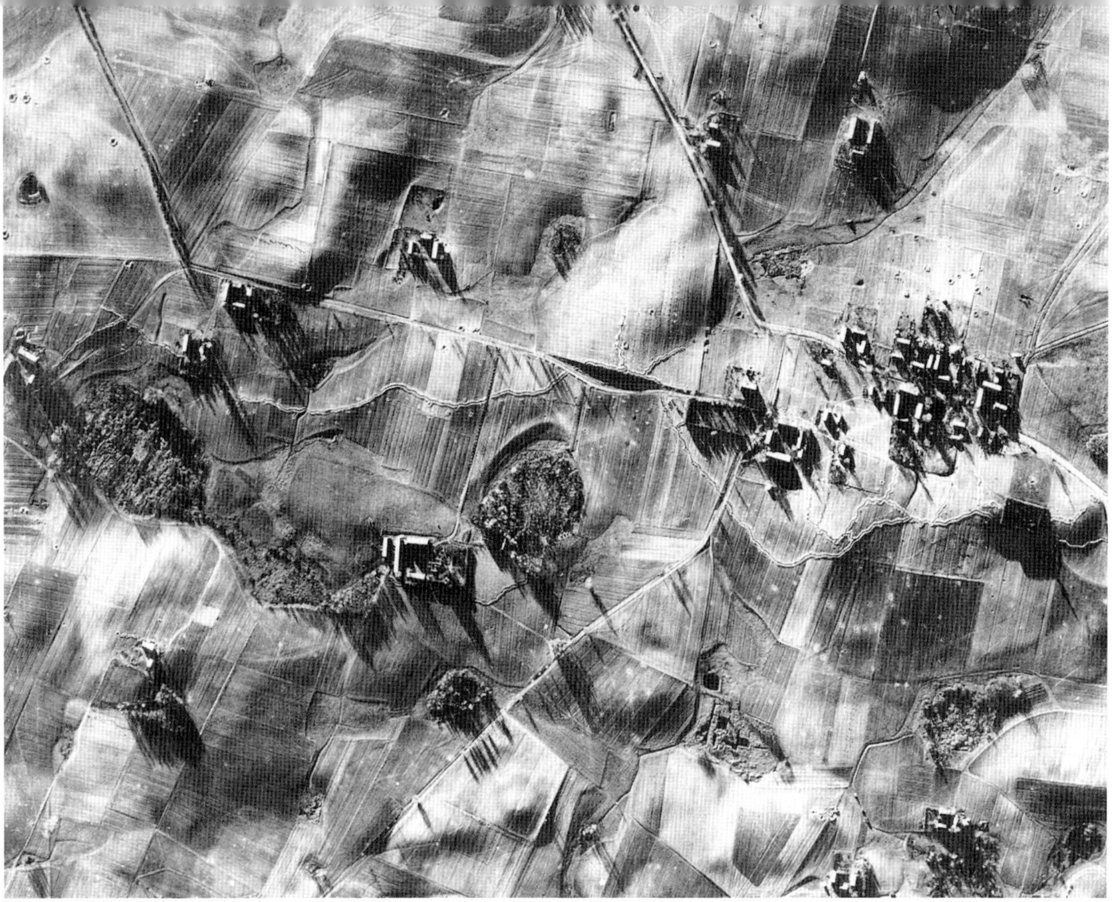

Nächste Seite: Breslau zeigt am 18. September 1944 noch ein absolut friedliches Bild. Keinerlei Bombentreffer sind auszumachen.

Oben: Das Gehöft Girnen, 10 Kilometer südlich von Gumbinnen, konnten die Sowjets schon im Oktober 1944 erobern. Aufnahme vom 14. Dezember 1944.

Links: Sowjetische Truppen schlossen am 15. Februar den Ring um Breslau. 200 000 Zivilisten, darunter viele Flüchtlinge, mußten bis zur Kapitulation am 6. Mai ausharren. 40 000 kamen in dem Feuerhagel um. Gauleiter Karl Hanke ließ sich zuvor noch ausfliegen.

Am 19. September 1944 sind keine Verteidigungsvorbereitungen in Breslau zu sehen.

Auf dem Gelände des Panzerzeughauses von Masselwitz, nördlich von Breslau, stehen am 7. Februar noch zahlreiche Fahrzeuge und Panzer, später wurden sie bei der Verteidigung Breslaus eingesetzt.

Die Stadt Thorn an der Weichsel weist am 22. Januar 1945 zahlreiche Beschußschäden auf. Bis zum 2. Februar konnte sich die zur Festung erklärte Stadt halten. Über die zugefrorene Weichsel stürmten die Sowjets weiter nach Westen. Die gesprengte Eisenbahnbrükke staute das Eis noch zusätzlich auf.

Dutzende von Lastkähnen liegen am 7. Februar 1945 im vereisten Hafen von Neusalz, nördlich von Glogau fest.

Grottkau, südlich von Breslau an der Straße von Neise nach Brieg an der Oder, wurde von den Sowjets am 5. Februar 1945 erobert und dabei stark zerstört. Grottkau bildete einen Brückenkopf gegen den sowjetischen Vormarsch in Schlesien. Deutsche Aufnahme vom 25. Februar 1945.

Die Brücke in Beuthen bei Glogau ist am 7. Februar 1945 noch nicht zerstört.

Glogau an der Oder hielt sich als Festung vom 11. bis zum 22. Februar. Aufnahme vom 7. Februar 1945.

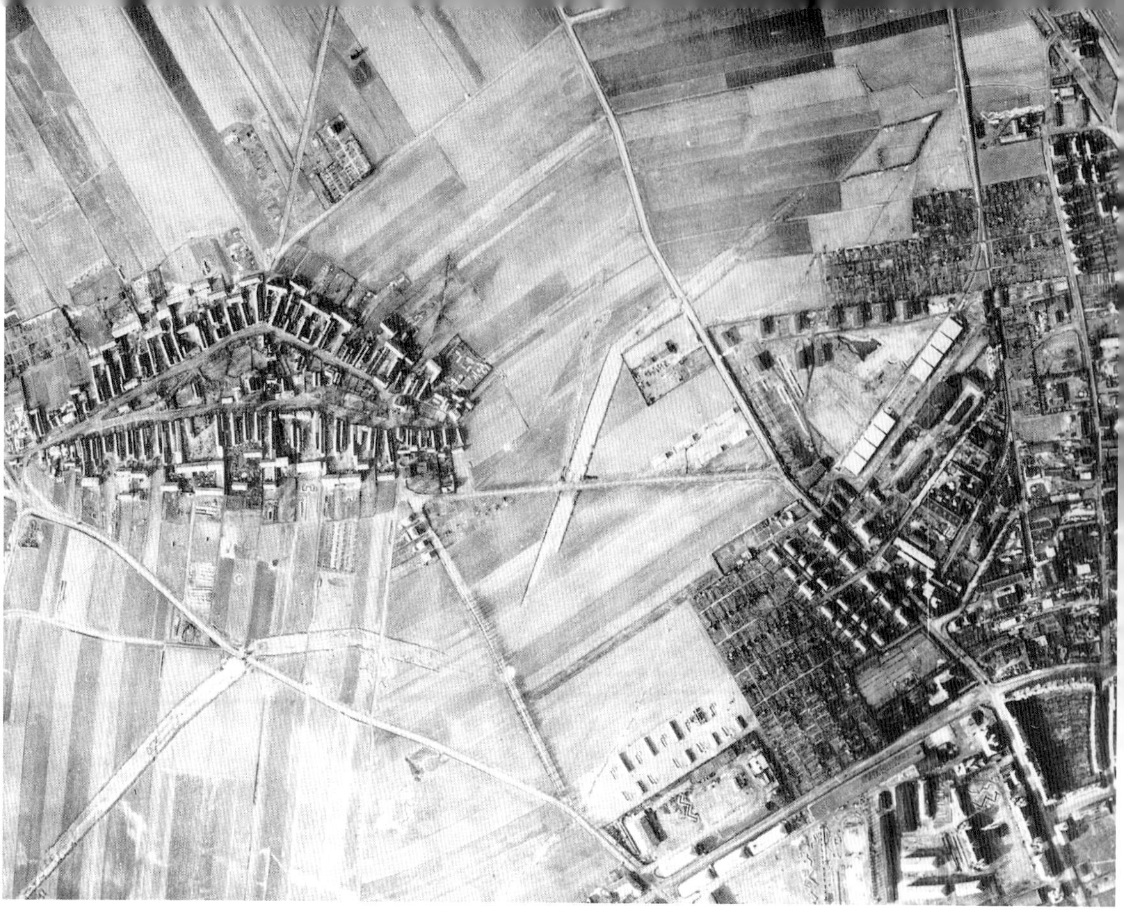

Zahlreiche Stellungen und Gräben schützen Glogau nach Osten. Die Kaserne ist am 7. Februar noch mit deutschen Truppen belegt.

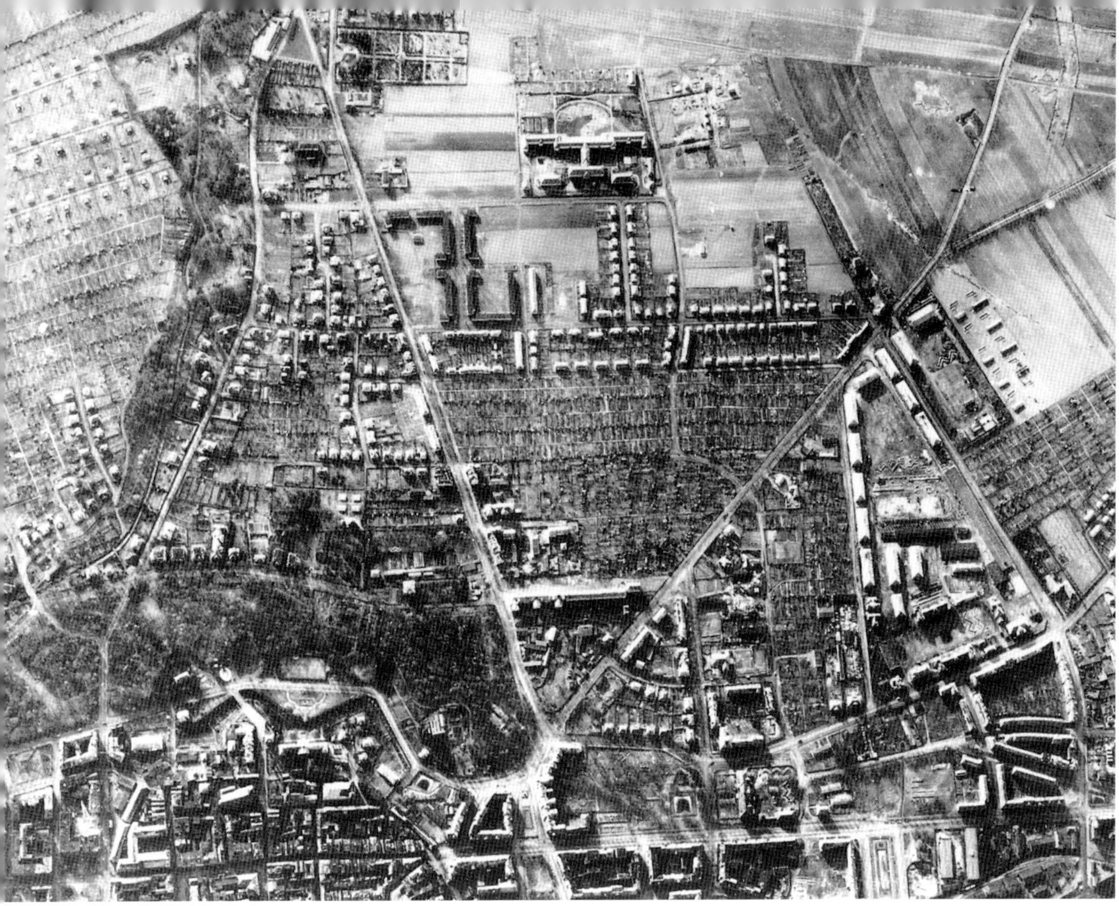

Die Ausfallstraßen Glogaus sind durch Panzergräben und Stellungen geschützt.

Der Straßenknotenpunkt Wohlau, östlich der Oder zwischen Glogau und Breslau, ging am 25. Januar 1945 nach schweren Kämpfen verloren. Ein deutscher Gegenstoß schlug am 9. Februar fehl.

Ein kleiner Feldflugplatz bei Skalung, nordwestlich von Kreuzburg in Oberschlesien nahe der polnischen Grenze, ist am 19. Februar 1945 mit sowjetischen Jägern überbelegt.

Brände lodern in Regenwalde in Pommern an der Rega im Kreis Labes, südlich von Kolberg am 5. März 1945.

Links: Der Krieg ist aus: Flüchtlinge winken dem Fotoaufklärer der US-Air Force zu. Die Trecks ziehen nach Westen. Eine Kutsche gehört mit zum Wagenpark einer Familie.

Unten: Flug über das von den Sowjets am 14. Februar 1945 eingenommene Tuchel an der Brahe in Westpreußen. Deutlich erkennt man die Fahrzeuge auf den Ausfallstraßen und im Ort. Deutsche Aufnahme vom 20. Februar 1945.

Nächste Seite: Nach der Eroberung von Oppeln ist die Innenstadt stark beschädigt. Deutsche Lufteinnahme vom 19. Februar 1945.

Übernächste Seite: Deutsche Luftaufnahme von Dessau-Raguhn am 20. April 1944. In der Stadt sind keine Beschädigungen zu beobachten.

Linke Seite oben: Manschnow in Brandenburg am 7. April 1945. Fort und Ort an der Straße nach Seelow waren stark umkämpft. Unzählige Granateinschläge zeugen von den schweren Kämpfen.

Linke Seite unten: Eine von den vielen zertsörten Oderbrücken bei Küstrin im Kampfgebiet an der Oder. Deutsche Luftaufnahme vom 7. April 1945.

Oben: Frankfurt an der Oder mit der Lebuser Vorstadt am 7. April 1945. Versenkte Schiffe sperren den Hafen im Norden der Stadt. Zahlreiche Verteidigungsgräben an den Ausfallstraßen sollen die Stadt sichern. Die Innenstadt selbst ist unzerstört.

Das Gebiet östlich der Oder bei Küstrin zeigt zahlreiche geräumte und besetzte Geschützstellungen. Die Fahrspuren im Gelände lassen auf starke Truppenbewegungen der Sowjets schließen.

Oben: Lebus auf der westlichen Oderseite nördlich von Frankfurt. Die Straße ist durch Granateinschläge unbefahrbar geworden. Alle Wohngebäude und Gehöfte sind am 7. April 1945 zerschossen.

Linke Seite: Göritz am Ostufer der Oder ist am 1. März 1945 von sowjetischen Truppen besetzt. In und um den Ort sind zahlreiche Artilleriestellungen ausgehoben. Mehrere Flakbatterien schützen die beiden Notbrücken.

Oben: Stettin am 20. April 1943. Die USAAF-Aufnahme zeigt den Freihafenbezirk von Stettin mit dem Westbasin und Ostbasin sowie die Breslauer Straße und die Parnitz in der Mitte des Bildes.

Linke Seite: Einen der sinnlosesten Luftangriffe des Zweiten Weltkrieges flog die RAF auf Potsdam am 14./15. April 1945. 500 Lancaster-Bomber brannten die alte preußische Garnisonsstadt aus. 5000 Potsdamer starben.
Die US-Aufnahme von 1945 zeigt links vorne im Bild die schwer beschädigte Nikolaikirche und dahinter die nach dem Krieg gesprengte Garnisonskirche.

Oben: Im März und April 1945 griffen die RAF und die 8. USAAF zehn Mal die Stadt Plauen in Sachsen an. Ziele waren die Verkehrsanlagen sowie die Munitionsfabriken und die Stadt selbst. Am 10./11. April 1945 bombardierten 307 Lancaster der RAF Plauen. 51 Prozent des Areals der Stadt wurden durch diesen Angriff vernichtet.

Oben:
Die Aufnahme vom 16. März 1945 verdeutlicht das ganze Ausmaß der Zerstörungen um das Gebiet des Hauptbahnhofs Dresdens. Die Honigwabenstruktur beherrscht das ganze Bild.

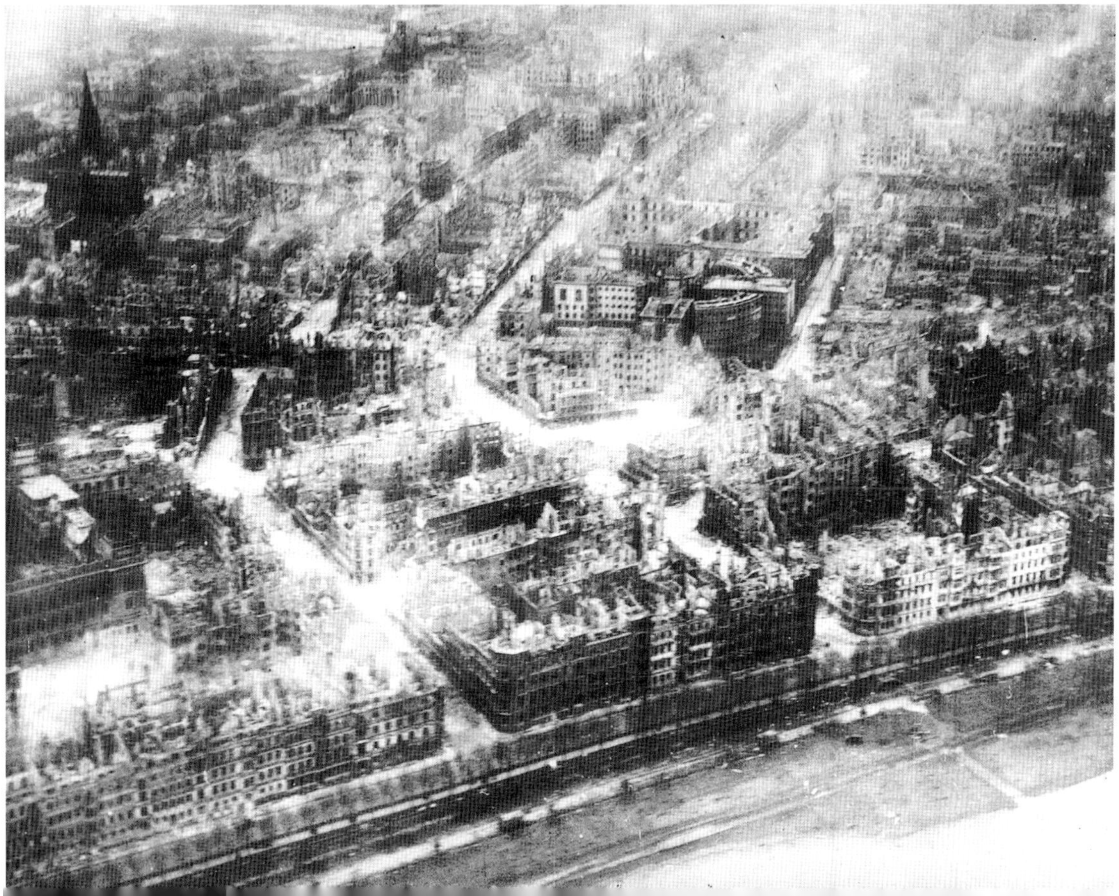

Unten:
Der deutsche Luftaufklärer überfliegt am 16. Februar 1945 die rauchenden Trümmer Dresdens. Im Bild die Hindenburgstraße und die Marschallstraße, links im Hintergrund die Johanniskirche.

Linke Seite: Auch nach den vernichtenden Angriffen der RAF und 8. USAAF vom 13. bis 15. Februar 1945 stand Dresden, das »Elbflorenz«, weiterhin auf der Zielliste der Alliierten.
Am 2. März und 17. April griff die 8. USAAF mit der 1. und 2. AD nochmals an.
Das US-Foto vom 19. April 1945 zeigt die starken Zerstörungen Dresdens am Wettiner Bahnhof sowie das DSC-Fußballstadion und die Magdeburger Straße nahe der Elbe.

Das war die Altstadt Dresdens am 16. Februar 1945. In der Bildmitte die Carolabrücke und die Brühl'sche Terasse. 772 Lancaster-Bomber der RAF und 521 B 17-Bomber der 8. USAAF brannten mit 4212 Tonnen Spreng- und Brandbomben die Stadt aus.

Die Ruine des Dresdner Bahnhofs am 16. Februar 1945. Kurze Zeit später fahren wieder Züge in den Bahnhof ein.

Nächste Seite: Auch die Außenbezirke Halberstadts werden bei einem Terrorangriff der 8. USAAF vom 8. April 1945 bombardiert und brennen nieder. Dichte Rauchwolken hängen über der Stadt.

Oben: Der weltberühmte Zwinger, das italienische Dörfchen, Hotel Bellevue, katholische Hofkirche, Schloß, Gemäldegalerie und Opernhaus stehen in Rauchschwaden nach den verheerenden Angriffen vom 13. bis 15. Februar 1945. Deutsche Luftaufnahme vom 16. Februar 1945.

Unten: Zögernd regt sich nach Kriegsende wieder Leben in den Ruinen der total zerstörten Innenstadt von Plauen. Blick aus Richtung des Rathauses zu den zerstörten Häusern am Tunnel.

Vorherige Seite: Die Hafenstadt Rostock an der Ostsee zeigt am 29. Mai 1944 nach Angriffen der RAF vom 23./24. und 26./27. April 1942 mittlere Schäden.

Oben: Halberstadt brennt. Am 8. April 1945 warfen 218 B-17-Bomber der 8. USAAF 594,7 Tonnen Abwurfmittel auf die Stadt. Ziel war der Verschiebebahnhof.

VII. Konzentrations-, Straf- und Kriegsgefangenenlager im Reichsgebiet

Zur Stabilisierung und Sicherung des NS-Reiches nach der Machtergreifung Hitlers ordnete der Parteiapparat die Schaffung von Konzentrationslagern zwecks Ausschaltung von politischen Gegnern und Andersdenkenden an. Die Lager dienten zur Isolierung Oppositioneller, deren Diskriminierung und gleichzeitig für die Inhaftierung von Kriminellen. Nach den wilden Jahren der SA 1933–1935 begann das RSHA mit dem systematischen Aufbau dieser Konzentrationslager, die in die Wirtschaftsplanung der Reichswirtschaft einbezogen wurden. Aus dem ältesten Konzentrationslager Oranienburg, nördlich von Berlin, entstand das Konzentrationslager Sachsenhausen, in dem bis zum Kriegsende 5000 Menschen inhaftiert waren. Dachau, Buchenwald, Mauthausen, Flossenbürg und Ravensburg ergänzten die Hauptlager mit zahlreichen Außenkommandos auf dem Territorium Großdeutschlands. Schätzungsweise 500 000 Inhaftierte kamen in diesen Haftlagern um. Die großen Vernichtungslager Treplinka, Sobibor Madjanek und Auschwitz lagen im sogenannten General-Gouvernement und damit außerhalb des eigentlichen Reichsgebietes.

Nach dem Ausbruch des Zweiten Weltkrieges mußten die Kriegsgefangenen aus Polen, Frankreich, Holland und Belgien in geeigneten Kriegsgefangenenlagern untergebracht werden. Am Rande der Großstädte und in der Nähe von Industriebetrieben baute die Wehrmacht Holzbarackenlager für die Kriegsgefangenen aller Nationen. Die Unterbringung in der Nähe der Städte kostete die Kriegsgefangenen bei den Angriffen der alliierten Bomberflotte viele Opfer.

Im Laufe des Krieges versuchte die Reichsregierung, durch die Zwangsaushebung in den besetzten Gebieten von den sog. Zivilarbeitern, den immer größer werdenden Arbeitskräftebedarf abzudecken. Besonders die Rüstungsindustrie und das ständig repara-

turbedürftige Verkehrsnetz mußten mit Arbeitskräften versorgt werden. Im Kriegsjahr 1944 standen neben 28,4 Millionen deutschen Frauen und Männern 7,1 Millionen Zwangsarbeiter und Kriegsgefangene bei einem Stundenlohn von 90,1 Pfennigen im Arbeitsverhältnis bei Staat und Industrie.
Da die Inhaftierten aus noch bestehenden, wenn auch besetzten Staaten (Ausnahme: Großbritannien, Kanada und USA) stammten, war ihnen eine Behandlung nach der Haager Landkriegsordnung garantiert.
Das Internationale Rote Kreuz versorgte die Gefangenen nach Möglichkeit mit Hilfspaketen und Medikamenten. Auf solche Hilfeleistungen konnten sogar die ausländischen Insassen der KZs – mit Ausnahme der Juden – kurz vor dem Zusammenbruch des Deutschen Reiches noch hoffen.
Ganz anders erging es den deutschen Soldaten, die nach der bedingungslosen Kapitulation des Deutschen Reiches den bitteren Weg in die Gefangenschaft antreten mußten. 11 094 000 Wehrmachtsangehörige traten den Weg in die Gefangenschaft an. 7 745 000 waren es im Westen und 3 349 000 im Osten. Kein Staat hielt mehr seine schützende Hand über die Soldaten des Deutschen Reiches. Mehr noch: Ihnen wurde nach der bedingungslosen Kapitulation sogar der Status eines Kriegsgefangenen verwehrt. Die Westalliierten führten die deutschen Kriegsgefangenen unter dem Begriff SEP (Surrendered Enemy Personel, übergelaufenes Feindpersonal = Kapitulationsgefangene). Auf die Menge der Millionen deutschen Kriegsgefangenen waren weder die ausgeblutete Sowjetunion noch die reichen Amerikaner gefaßt.
Durch die chaotischen Verhältnisse in den Sammellagern während der ersten Nachkriegswochen starben viele der Kriegsgefangenen an Hunger, Durst, Erkältung und Seuchen.
Insgesamt starben 1,2 Millionen deutsche Kriegsgefangene im Osten und Westen in den Lagern. Ein Massensterben unter den rund 450 000 Gefangenen auf den sogenannte Rheinwiesenlagern blieb zum Glück wegen des trockenen Sommers 1945 aus. Aber auch hier waren viele Tote zu beklagen.
Selbst kleinere Lager, wie das berüchtigte Durchgangslager Bretzenheim bei Bad Kreuznach und das Sammellager Hechtsheim bei Mainz, forderten unzählige Todesopfer.

Schräganflug auf das mit sogenannten deutschen „Kapitulationsgefangenen“ überbelegte Rheinwiesenlager bei Bendorf-Engers am 11. Mai 1945.

Anflug aus Südwesten auf eines der berüchtigten „Rheinlager" bei Neuwied. Tausende deutscher Kriegsgefangener mußten in den ersten Monaten nach der Kapitulation auf den Rheinwiesen dahinvegetieren. Aufgenommen am 11. Mai 1945.

Anflug auf das Rheinwiesenlager bei Rheingönheim in der Pfalz. Unter freiem Himmeln kauern die deutschen Kriegsgefangenen in Sandlöchern. Im Vordergrund links ein ehemaliger Löschteich für die nahen Industriewerke der BASF.

Die Lagerstraße des Rheinwiesenlagers bei Rheingönheim. Zu beiden Seiten sind nur Erdlöcher vereinzelt mit Zeltplanen abgedeckt am 11. Mai 1945.

Flug über das Hauptlager des KZ Buchenwald mit den Kasernen der Waffen-SS im Halbrund und dem Gustloff-Werk II für Geschütz-V2- und Karabinerproduktion am rechten Rand.
129 B-17-Bomber der 1. BD der 8. USAAF bombardierten am 24. August 1944 die Gustloff-Rüstungsbetriebe in Weimar und Buchenwald. Sie trafen dabei auch das Konzentrationslager. Es starben 200 KZ-Häftlinge. Die Aufnahme entstand kurz vor dem Angriff.

Nächste Seite:
Das Konzentrationslager Sachsenhausen bei Oranienburg am 22. März 1945. Gut zu erkennen die spitzwinklige Anlage des KZs und die radiale Ausrichtung der Baracken zum Appellplatz hin. Um das KZ Sachsenhausen sind im Wald die SS-Kasernen und die Betriebsstätten des „Klinkerwerkes" zur Munitionsproduktion zu erkennen.

Auschwitz-Birkenau am 21. Dezember 1944 mit den Lagern I, II und III. Schnee bedeckt ist das Areal des Vernichtungslagers von Auschwitz-Birkenau bei dieser USAAF-Aufnahme. Die Stichbahn endet vor den beiden Krematorien und Gaskammern. Die 3. Gaskammer im rechten oberen Teil des Lagers ist bereits gesprengt.

Zweistöckige Unterkünfte für Zwangsarbeiter der BMW-Werke in München-Allach am 7. Juni 1945.

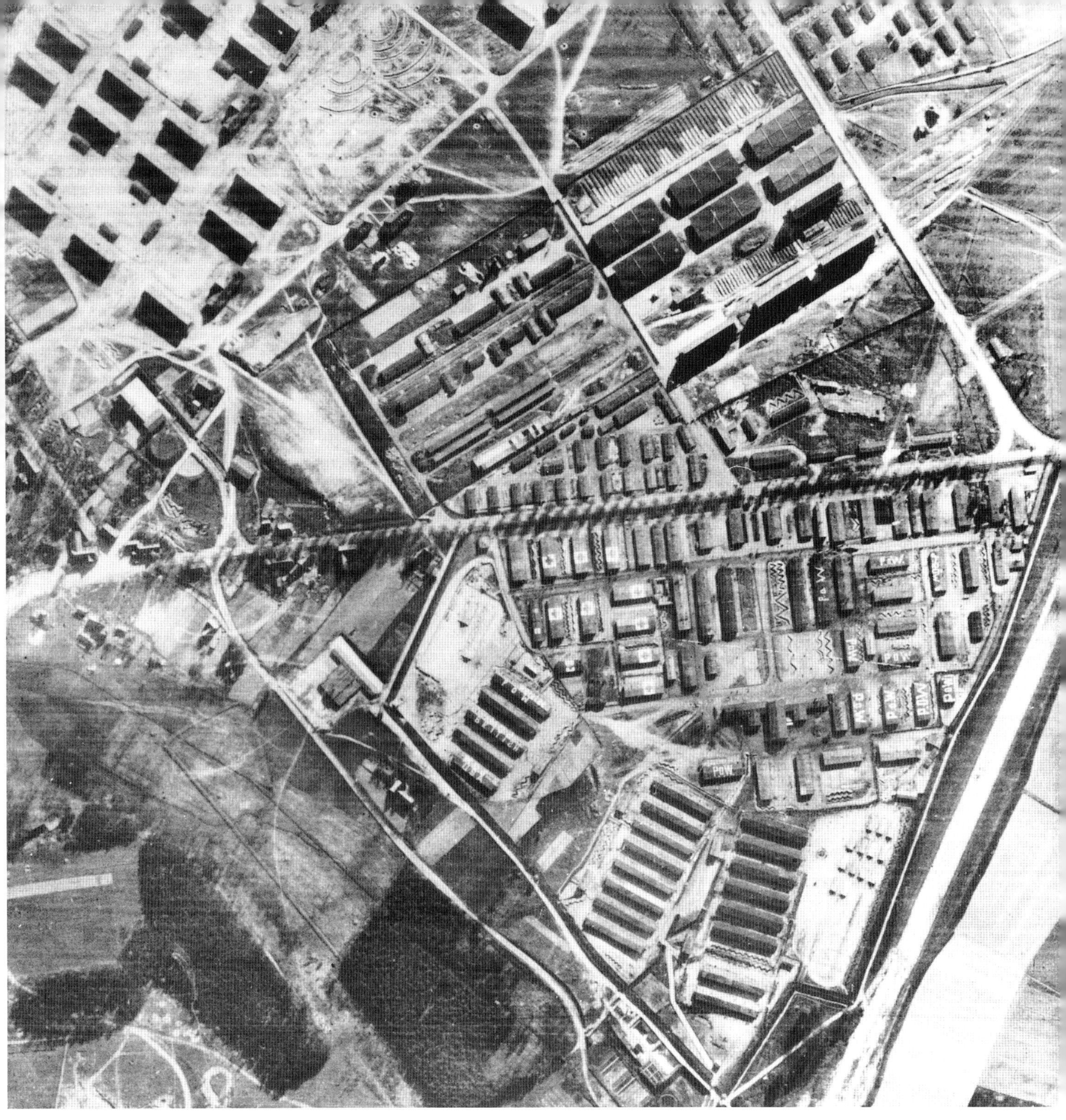

Linke Seite: KZ Dachau mit Arbeitslager im April 1945. In einer langen Reihe stehen die Häftlingsbaracken in der rechteckigen Lageranlage. Daneben die parkähnliche Wohnanlage der SS-Wachmannschaften.

Oben: Lager für alliierte Gefangene nahe dem Truppenübungsplatz Fallingbostel am 14. April 1945. Die Baracken sind mit dem Rot-Kreuz-Zeichen und den Aufschriften POW „British“ und „USA“ gekennzeichnet.

VIII. Inseln des Friedens – verschonte Städte und erhaltene Denkmäler

Nach sechs bitteren Kriegsjahren schien Harris' Rechnung der Pulverisierung des Dritten Reiches aufzugehen. Im Frühjahr 1945 kam es zum Ausverkauf der lohnenden Angriffsziele für die alliierten Bomberflotten. Die Zentren der Groß- und Mittelstädte waren durch Flächenbombardements und Feuersbrünste ausgelöscht. Die Apokalypse des Jahres 1945 breitete sich ungehindert über die Siedlungsräume des Deutschen Reiches aus.

Aus den Ruinenstädten flohen die letzten Überlebenden in die ländlichen Gebiete. In Kleinstädten, Dörfern, Weilern und Einzelgehöften fanden sie, oft in Scheunen und Ställen, Unterschlupf. Die vom Luxus verwöhnten Städter wurden bescheiden – ein Dach über dem Kopf genügte. Erstaunlich, daß es in den so bombardierten Siedlungsräumen Deutschlands immer noch Flecken der Unberührtheit und des Friedens gab. Nicht bombardierte Mittelstädte waren die Ausnahme, eine davon die Stadt Heidelberg. Mit Ausnahme des Güterbahnhofs hatte die romantisch anmutende Stadt am Neckar den Luftkrieg bis zur Einnahme durch die amerikanischen Truppen im Jahre 1945 unbeschadet überstanden.

Aber auch andere kleinere Orte hatten Glück: Verstreut in Flußtälern, an den Hängen der Mittelgebirge oder auch in exponierter Berglage waren sie nur vereinzelt von Tieffliegern in den letzten Kriegstagen angegriffen worden.

Auch Burgen und Denkmäler blieben weitestgehend von den Zerstörungen verschont. Ausnahmen bildeten das Niederwalddenkmal am Rhein oberhalb von Rüdesheim und das Hermannsdenkmal im Teutoburger Wald. Hier übten schießwütige Tieffliegerpiloten ihre Treffsicherheit – Hermann dem Cherusker im Teutoburger Wald wurde das erhobene Schwert von mehreren Bordkanonengeschossen durchlöchert.

Das geschlagene Deutschland erhielt durch das weitgehend verschonte Umland die Möglichkeit, seine Trümmerwüsten in den Städten und den Industriezentren in einem zähen Ringen nach dem Kriege wieder aufzubauen.

Während Hamburgs Innenstadt im Jahre 1945 einer Trümmerwüste glich, zeigt sich der vornehme Villenvorort Blankenese-Nienstedten am 3. Mai 1945 wie im tiefsten Frieden.

Unversehrt steht das Denkmal der Porta-Westfalica bei Barkhausen über der Weser am 22. März 1945.

Oben: Blankenburg am Nordostrand des Harzes ist am 8. April 1945 noch ein Ort der Ruhe und Stille. Während der Einnahme am 20. April beschoß Artillerie die Stadt. Tiefflieger griffen mit Bomben und Bordwaffen in die Kämpfe ein.

Rechte Seite: Im Anflug auf das Lahntal und die Stadt Bad Ems am 4. Juni 1945. Die Stadt macht einen unzerstörten Eindruck. Anstelle der gesprengten Lahnbrücken verbinden Pontonbrücken die Ufer miteinander.

Bacharach am Rhein mit der Straße nach Steeg und den umgebenden Weinbergen bietet 1945 ein friedliches Bild. Links im Bild die Ruine der Werner-Kapelle und darüber die Burg Stahleck.

Ohne Kriegsschäden präsentiert sich Rhens am Rhein. Im Vordergrund ein alter Wehrturm der mittelalterlichen Befestigung.

Linke Seite.
Heidelberg am Neckar im Anflug von Westen aus am 7. Mai 1945. Gut sind die Arkaden am Bismarckplatz mit dem Hotel Reichspost zu erkennen. Die Hauptpost präsentiert sich im ursprünglichen Zustand. Der Hauptbahnhof ist noch als Kopfbahnhof ausgelegt.

Oben: Im letzten Augenblick sprengte ein deutsches Kommando die Neckarbrücken, so die „alte Brücke". Am Neckar erhebt sich die Heiliggeistkirche über die Heidelberger Altstadt. Vorn ist die Jesuitenkirche mit der alten und neuen Universitätsbibliothek zu sehen. Im Hintergrund rechts erscheint bei dem Anflug von Westen aus das Heidelberger Schloß.

Oben:
Der Festungsring von Landau mit Außenforts ist am 19. März 1945 von Bombenschäden innerhalb des Stadtrings verschont geblieben.

Unten: An einer Furt südlich von Havelburg stauen sich Fahrzeuge der Wehrmacht und suchen nach einer Übersetzmöglichkeit. Der Ort liegt unter Beschuß. US-Aufnahme vom 2. Mai 1945.

Linke Seite:
Quedlinburg mit der Parkanlage Brühl und dem Saatgut Dippe zeigt auf der US-Aufnahme vom 11. April 1945 keine Schäden.

Nächste Seite:
Esslingen am Neckar hat nur am Bahnhof und den Schleusen einige wenige Bombentreffer erhalten.

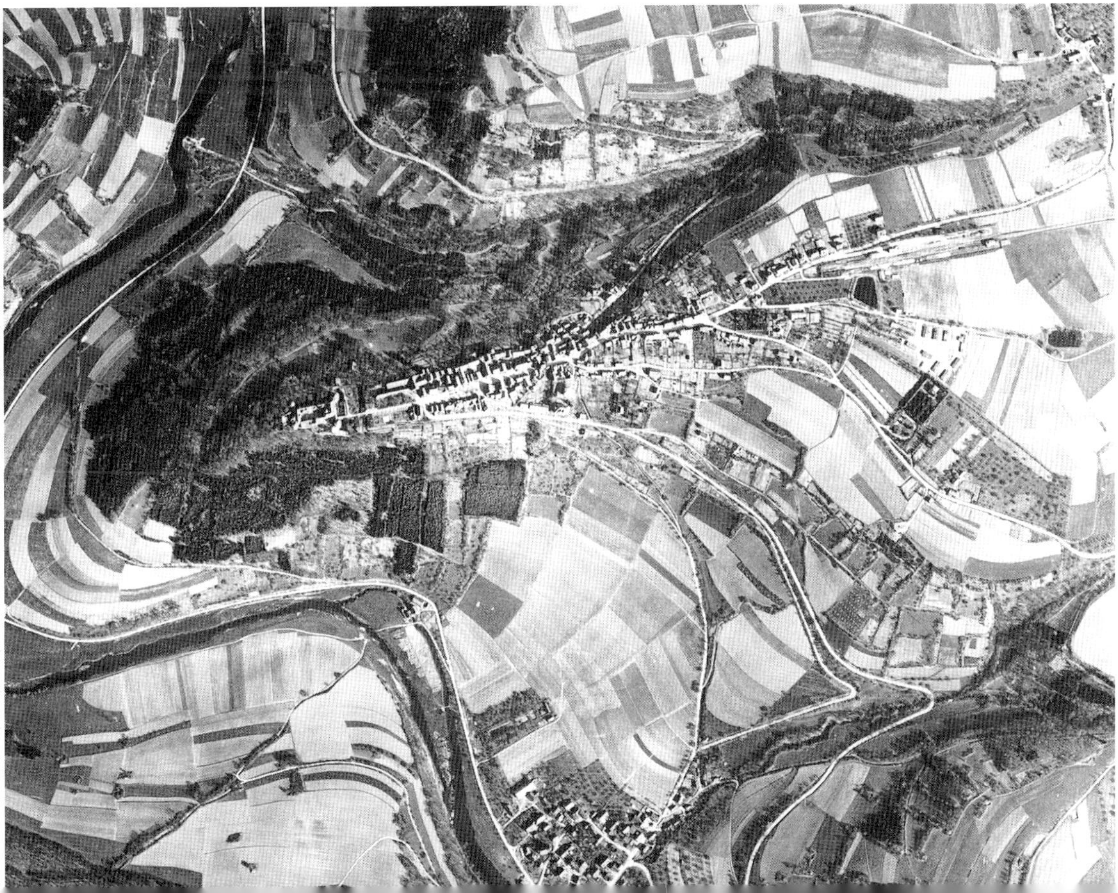

Oben: Bei Kriegsende ist der Gleiberg in exponierter Lage völlig unzerstört.

Unten: Langenburg in überhöhter Spornlage über der Jagst bietet am 9. April 1945 ein friedliches Bild.

Seite 232:
Domersleben westlich von Magdeburg ist am 6. April 1945 unzerstört.

Seite 233:
Passau am Zusammenfluß von Inn, Donau und Ilz hat den Krieg ohne nennenswerte Schäden überstanden.

IX. Angriffe auf militärische Ziele, Fliegerhorste, Flak, Kasernen, Depots

Für die Tausend-Bomber-Pulks der Alliierten stellten die Abfangjäger der Reichsverteidigung trotz zahlenmäßiger Unterlegenheit gegenüber dem allgegenwärtigen Begleitschutz der Bomberströme eine permanente Bedrohung und ein Ärgernis für die Besatzung dar. Auch eine noch so geringe Verlustrate von 0,6 bis 3 Prozent der angreifenden Maschinen machten die Flieger nervös. Das alliierte Bomberkommando versuchte mit allen Mitteln, die deutsche Abwehr und ihre Jagdwaffe auszuschalten. Mit der Vernichtung der Start- und Landebahnen sowie der Stellplätze versuchte das Bomberkommando dem Gegner die schwersten Schläge zu versetzen. Der mitunter leichte Abschuß von wenigen sporadisch angreifenden deutschen Jagdmaschinen mit zum Teil unerfahrenen Piloten genügte dem alliierten Bomberkommando nicht.

Im Herbst 1943 begann die RAF mit der systematischen Bombardierung der deutschen Fliegerhorste. Die Plätze bei Münster und Koblenz bildeten den Anfang. Die 8. USAF griff massiv die deutschen Flugplätze während des Jahres 1944 an. Erste Ziele waren München-Riem (5. 4. 1944), Oberpfaffenhofen (18. 3. 1944) und Salzwedel (8. 4. 1944).

In einer Großoperation im August 1944 bombardierte die RAF mit 1004 Bombern die Einsatzplätze der deutschen Nachtjäger. In den letzten Dezembertagen 1944 bombardierte die 8. USAF in mehreren Tagesangriffen nochmals die Flugbasen, hauptsächlich im Westen des Reiches. Eine Serie von Angriffen im Jahre 1945 vernichtete die letzten einsatzfähigen Jagd- und Kampfgeschwader der deutschen Luftwaffe am Boden. Um eine unliebsame Überraschung beim geplanten Rheinübergang bei Wesel zu verhindern, griffen die Amerikaner die Einsatzplätze in Plauen, Reichenbach, Achmer, Nordhorn, Vechta, Hesepe, Rheine, Ziegenhain, Kitzin-

gen, Giebelstadt, Schwäbisch Hall und Frankfurt am Main an.
Nach dem schnellen Vorrücken der Alliierten über den Rhein in südlicher Richtung zogen sich die letzten deutschen Abfangjäger auf Behelfsplätze südlich der Donau zurück. Von hier aus griffen die schnellen Turbojäger des JV 44 sowie die neueren Versionen der Me 109 und FW 190 immer wieder die ins Reich einfliegenden Bomberströme an. Manche fliegende Festung ging noch bis zum Kriegsende durch Beschußtreffer in die Tiefe. Von eroberten deutschen Fliegerhorsten dirigierten die Alliierten die letzten Angriffe auf die deutschen Fliegerhorste südlich der Donau.
Am 9. April 1945 griffen im Tiefflug die Jagdgruppen der 9. Tactical US Force und die Bomber der 8. USAF die Flugplätze in Oberpfaffenhofen, Fürstenfeldbruck, München-Riem, Lechfeld und Leipheim an. Die letzten Start- und Landebahnen der Fliegerhorste wurden zerstört. Wenn trotzdem noch einzelne Maschinen oder höchstens Rotten der Jagdwaffe von Schleichflugplätzen aus starteten, grenzte dies schon an ein Wunder.

Im März 1945 ist der Fliegerhorst Rühlheim-Dortmund von Bombentrichtern übersät und für Starts und Landungen unbrauchbar.

Linke Seite.
Der Fliegerhorst Bremen-Neustadt ist am 15. Juni 1945 wieder in Betrieb. Die Bombenschäden auf den Landebahnen sind beseitigt.

Oben: Der schwerbeschädigte Fliegerhorst Gütersloh am 30. März 1945. In den Splitterboxen stehen beschädigte Ju 88 G-Nachtjäger und einsitzige Jäger Bf 109, des III./NJG2.

Unten: In den Abstellschneisen nördlich des Fliegerhorstes Düsseldorf-Lohhausen liegen die Trümmer von mehreren He 219 Nachtjägern. USAF-Aufnahme vom 2. August 1945.

Oben: Der Fliegerhorst Lippstadt ist nach einem schweren Angriff der USAF vom 24. März 1945 unbrauchbar.

Unten: Auf dem Fliegerhorst Lippe wurde im März 1945 eine Ju 87-Nachtschlacht-Gruppe auf ihren Stellplätzen in Brand geschossen.

Rechte Seite:
Die Dornier-Flugzeugwerke GmbH und die Hafenanlagen von Wismar werden am 4. August 1944 kurz vor einem Luftangriff von einem Aufklärungsflugzeug fotografiert. 71 B-24-Bomber der 2. AD warfen 179,3 Tonnen Spreng- und Brandbomben auf die Flugzeugwerke. Die Flakstellungen am Werkflughafen waren geräumt.

Oben: Fliegerhorst Rhein-Main Frankfurt ist im Frühjahr ein einziges Trümmerfeld. Gut erkennbar noch die Drehbahn für die ehemalige Luftschiffhalle. Darunter die Autobahnüberfahrt nach Zeppelinheim.

Rechte Seite.
Anflug von Nordosten aus auf den wiederhergestellten Flugplatz Braunschweig-Broitzem am 19. Juni 1945.

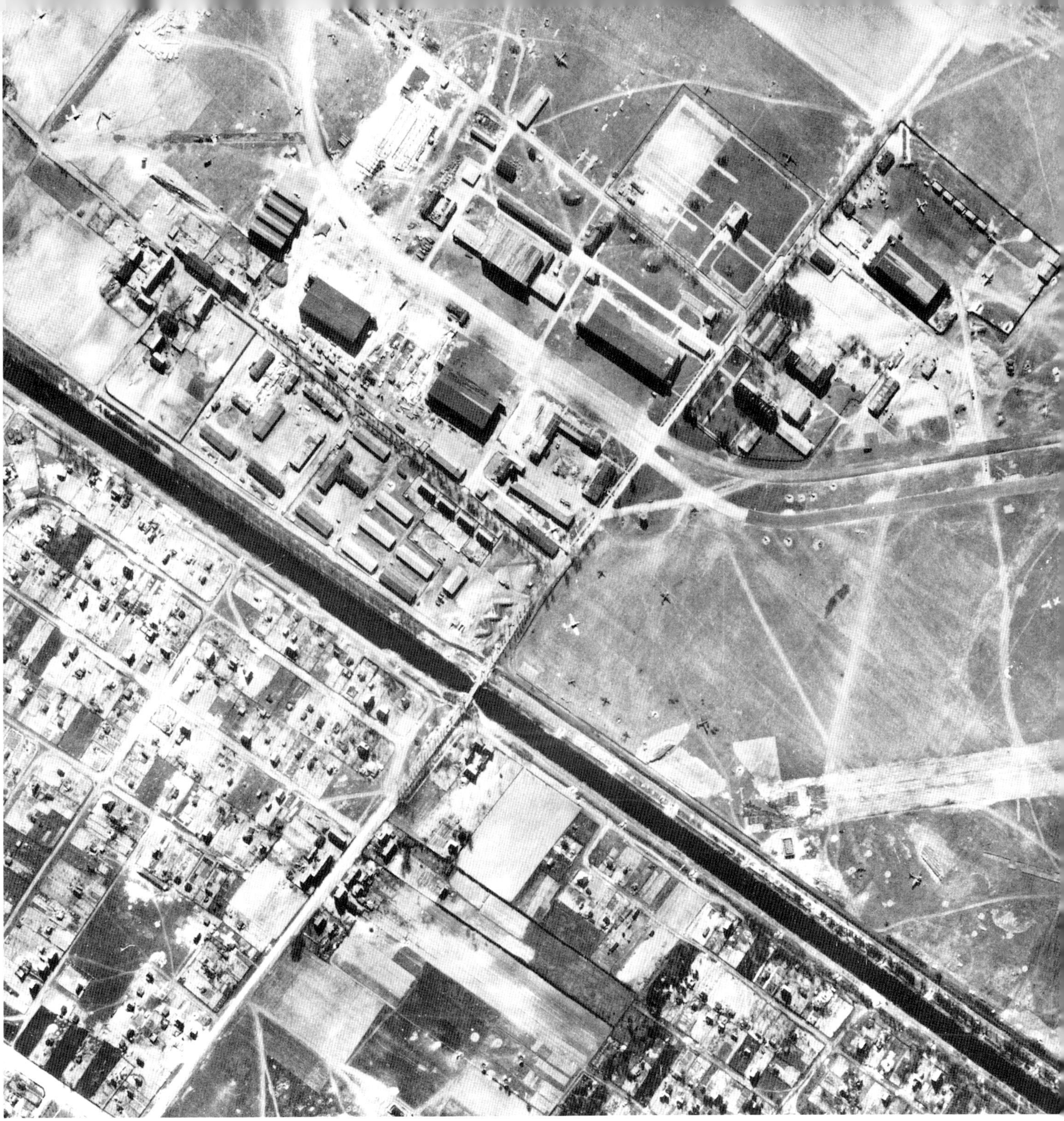

Linke Seite.
Der Fliegerhorst Wiesbaden-Erbenheim am 23. März 1945 zwei Tage vor der Sprengung der Hangars durch die deutschen Truppen.

Oben: Vier Mustangs donnern im Tiefflug über den vollbelegten Fliegerhorst Oranienburg am Ruppinerkanal nördlich von Berlin am 22. März 1945.

Oben: Am Rande des Fliegerhorstes Ober-Schleißheim stehen am 7. Juni 1945 deutsche Kampfflugzeuge. In der linken Reihe zwei Bf 110 G in Nachtjägerversion, eine He 111 H, eine Bf 110 G, eine Ju 88 C und eine Ju 88 G; auf der rechten Seite mehrere Bf 109.

Unten: Fliegerhorst Oberwiesenfeld im Juni 1945 im Anflug aus Südosten. Im Vordergrund das Verwaltungs- und Abfertigungsgebäude, links die große neue Flugzeughalle, dahinter deutsche Beutemaschinen.

Flug über den Schießplatz Hillersleben südlich der Letzlinger Heide bei Halbersleben am 18. April 1945. Im Hintergrund erkennt man den Mittellandkanal. Auf diesem Schießplatz wurden die schweren „Thor“- und „Dora“-Geschütze eingeschossen.

Oben: Anflug auf München-Riem am 7. Juni 1945. Vor dem stark zerstörten Tower sind Me 262, Bf 109, FW 190, Si 204 D, Ju 88 G, Ju 87 und He 111 erkennbar.

Unten: Transportmaschinen der US-Air Force auf dem Oberwiesenfeld am 7. Juni 1945. Anflug von Osten aus.

Rechte Seite.
Die verlängerte Startbahn von München-Riem am 7. Juni 1945. Rechts zwei zu Bruch gegangene Me 262 (Strahljäger des JV44). Anflug aus Nordost.

Oben: Eine Me 109 E überfliegt die Innenstadt von Wiesbaden im Jahre 1943. Gut zu erkennen ist das Kurviertel.

Unten: Das Munitionsdepot von Ingolstadt außerhalb des alten Festungsringes wurde bei einem Angriff der 1. Air Division der 8. USAF am 5. April 1945 schwer getroffen.

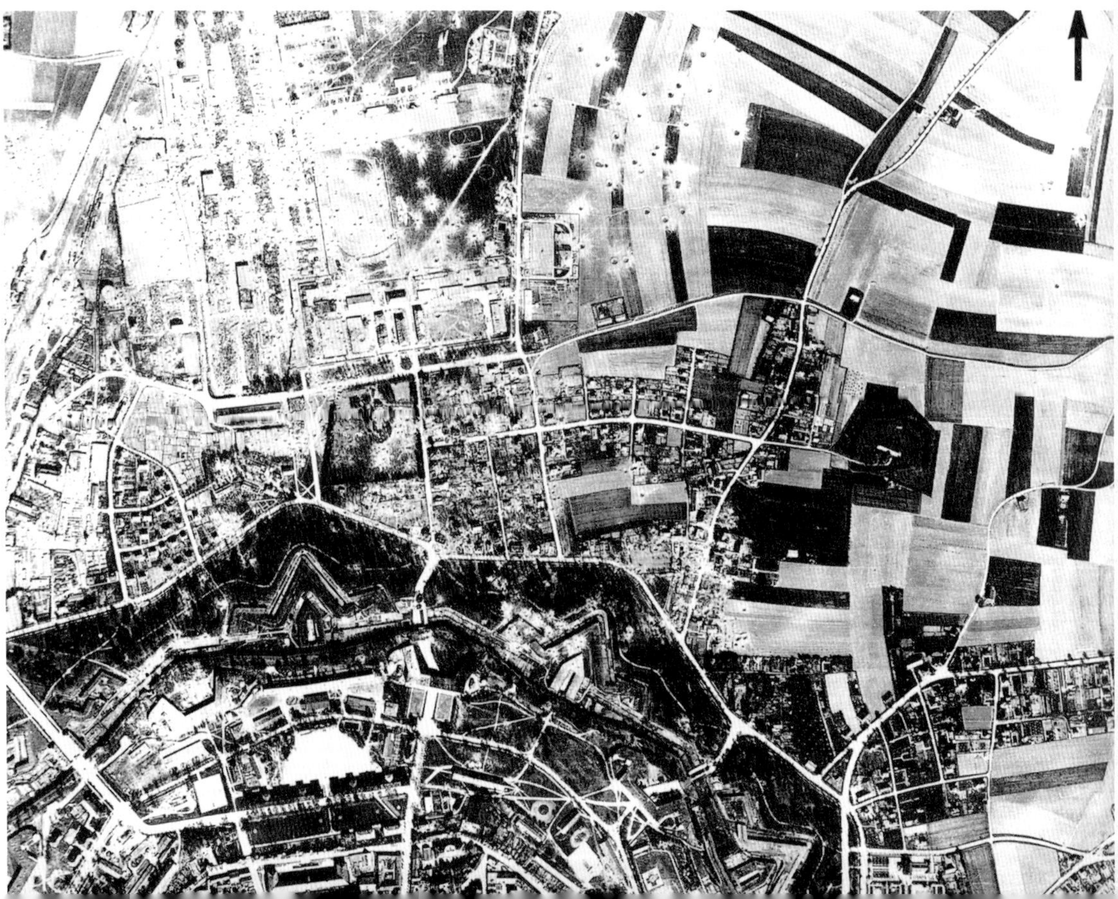

Rechte Seite:
Die Kasernen am Rande des Truppenübungsplatzes von Zossen im Süden Berlins sind durch mehrere Bombentreffer der 8. USAAF in Mitleidenschaft gezogen.

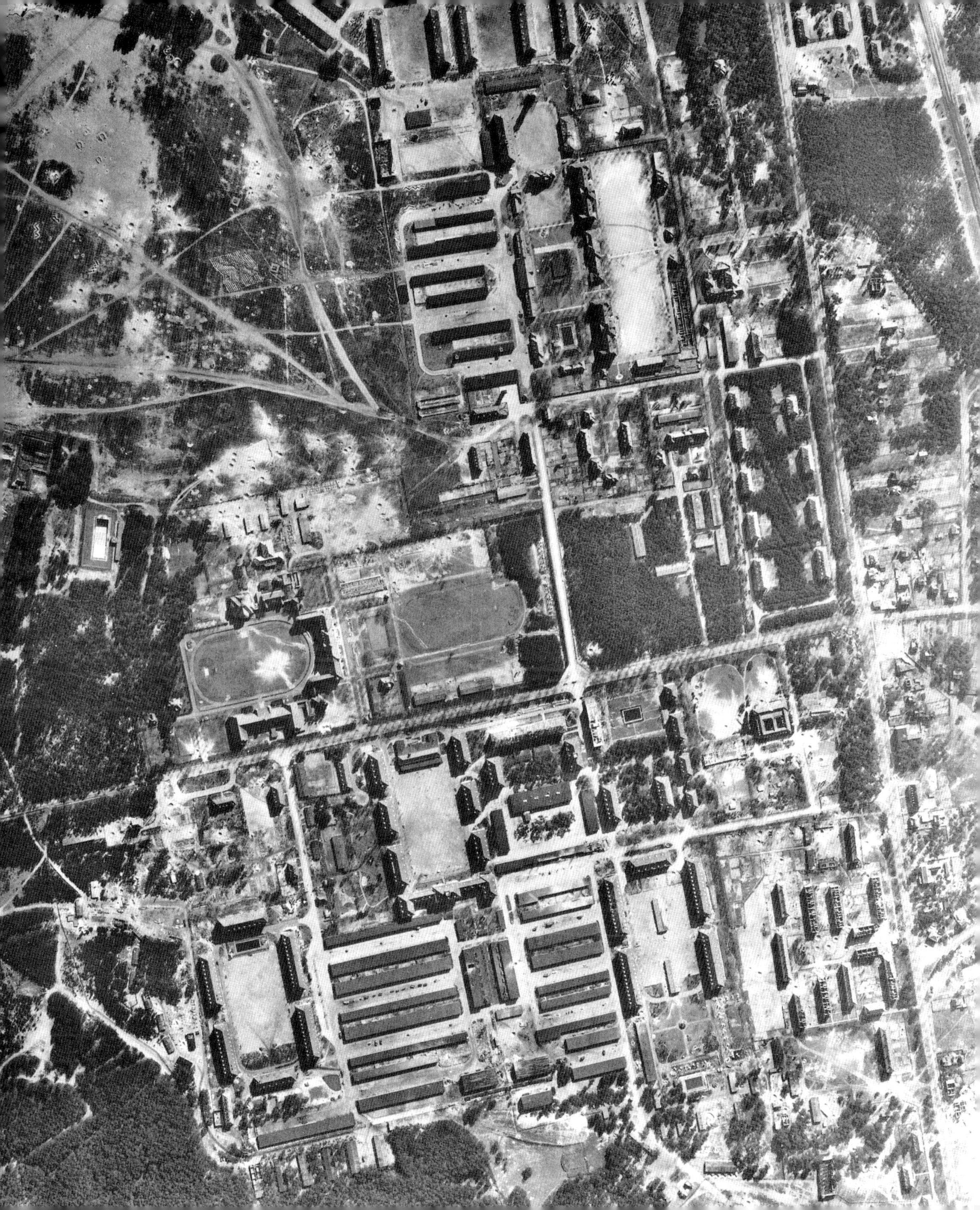

Oben:
Auf dem Flugfeld Oberpfaffenhofen sind ein- und zweisitzige demontierte DO 335 „Pfeil“ abgestellt.

Rechte Seite.
Truppenübungsplatz Baumholder mit Unterkünften am 24. März 1945. In der Mitte der Wilhelmswald, links der Ort Baumholder.

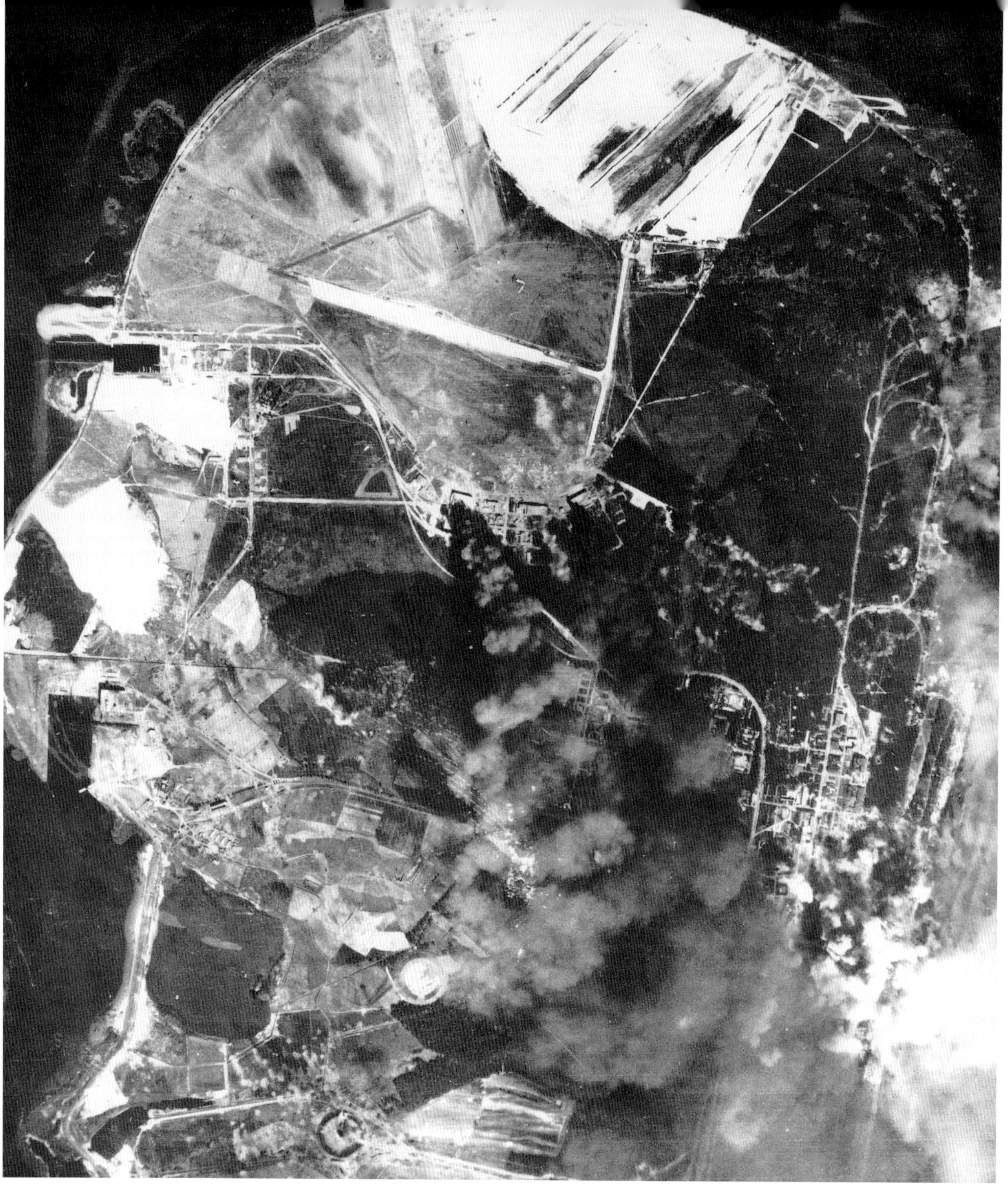

Oben: Nach dem Angriff von 377 B-17-Bombern der 1. BD der 8. USAAF am 18. Juli 1944 brennen die Öllager des Flugplatzes und die Prüfstände für die V2 in Peenemünde. Treffer erhielt auch das Versuchswerk Süd-Ost. 995 Tonnen Bomben hatten die Luftwaffen- und Heeresversuchsanstalt Peenemünde am Greifswalder Bodden zum zweiten Mal schwer getroffen. Drei Hlying Fortress' mußten nach dem Angriff in Schweden notlanden. Die Mannschaften wurden interniert.

Rechte Seite: Auf der US-Aufnahme vom 4. Juli 1944 ist das Kriegsgefangenenlager auf dem Gelände der Versuchsanstalt Peenemünde zu sehen. In der Nacht vom 17./18. August 1943 erhielt es mehrere Treffer bei einem RAF-Angriff. Unter den getöteten Arbeitern waren 180 Deutsche, 500–600 Zwangsarbeiter und Kriegsgefangene.

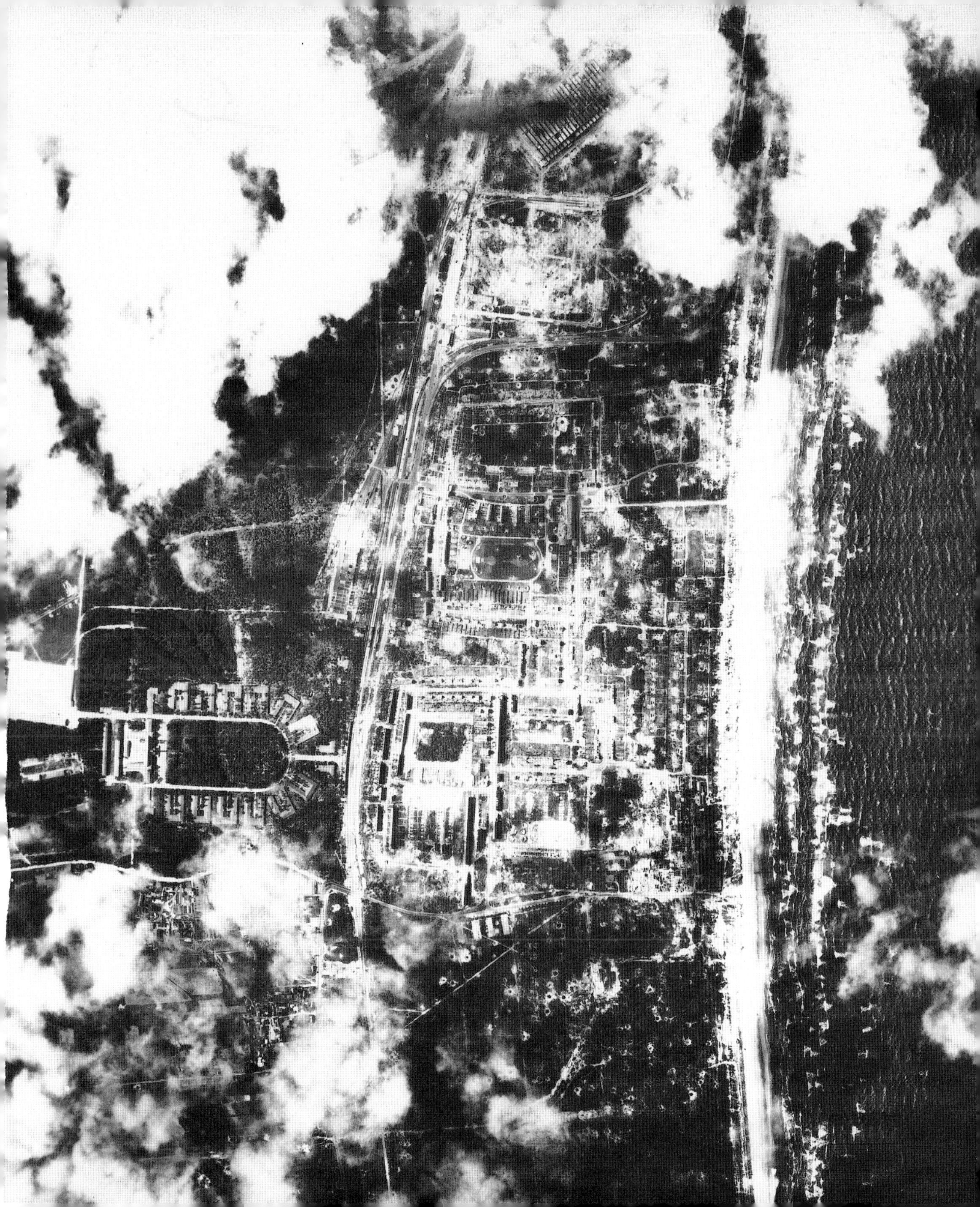

Linke Seite: Aufgegebene Eisenbahnflak mit 10,5 cm-Geschützen auf der Strecke bei Allach am 31. Mai 1945. Links neben den Bahngleisen ist die eingegrabene Feuerleitstelle einer Flakbatterie mit dem getarnten Funkmeßgerät zu erkennen.

Oben: Tarnungsüberprüfungsaufnahme der Dornier-Werke in Friedrichshafen-Manzell mit dem Wasserflugplatz vom 22. Januar 1944. Die Dächer der Montagehallen, das Verwaltungsgebäude sowie die Werft sind mit vorgetäuschten Beschädigungen bemalt. Pseudoreparaturen und imaginäre Bombenkrater sollen die feindlichen Bildauswerter irretieren und von wesentlichen Gebäuden ablenken.

Oben:
Der teilzerstörte Flugplatz Erla Leipzig am 14. Juli 1945.

Unten: Auf der Trabrennbahn in Frankfurt-Niederrad steht eine Flakbatterie mit sechs Geschützen. Die Mainbrücke ist am 24. März 1945 noch nicht gesprengt.

Rechte Seite.
Die Großsenderanlage Muschede nordwestlich von Arnsberg am 9. April 1945.

Oben: Helgoland Südhafen mit 3zelligem U-Bootbunker, Binnenhafen, Binnenreede, Siedlung Unterlund, Oberlund, Nord-Ost-Hafen, Nord-Ost-Gebäude und dem Sportplatz. Westseite mit Seebatterie „Jacobsen" mit drei 17,5 cm-Geschützen und der Flakbatterie „Falm" mit vier 10,5- und 12,8 cm-Batterien.

Unten: Im Anflug auf das zerbombte Helgoland. Am 18. April 1945 flogen 617 Lancaster – 332 Halifax – und 20 Mosquitobomber aller RAF-Bombergruppen in sieben Wellen einen Großangriff auf die Seefestung. Die kreisrunden Trichter sind die Einschläge der 5500 Kilogramm schweren Tallboy-Bomben des Angriffs vom 19. April 1945 mit 36 Lancaster-Bombern. Während die unterirdischen militärischen Anlagen unbeschädigt blieben, steht kein Haus mehr auf Helgoland. RAF-Aufnahme vom 23. April 1945.

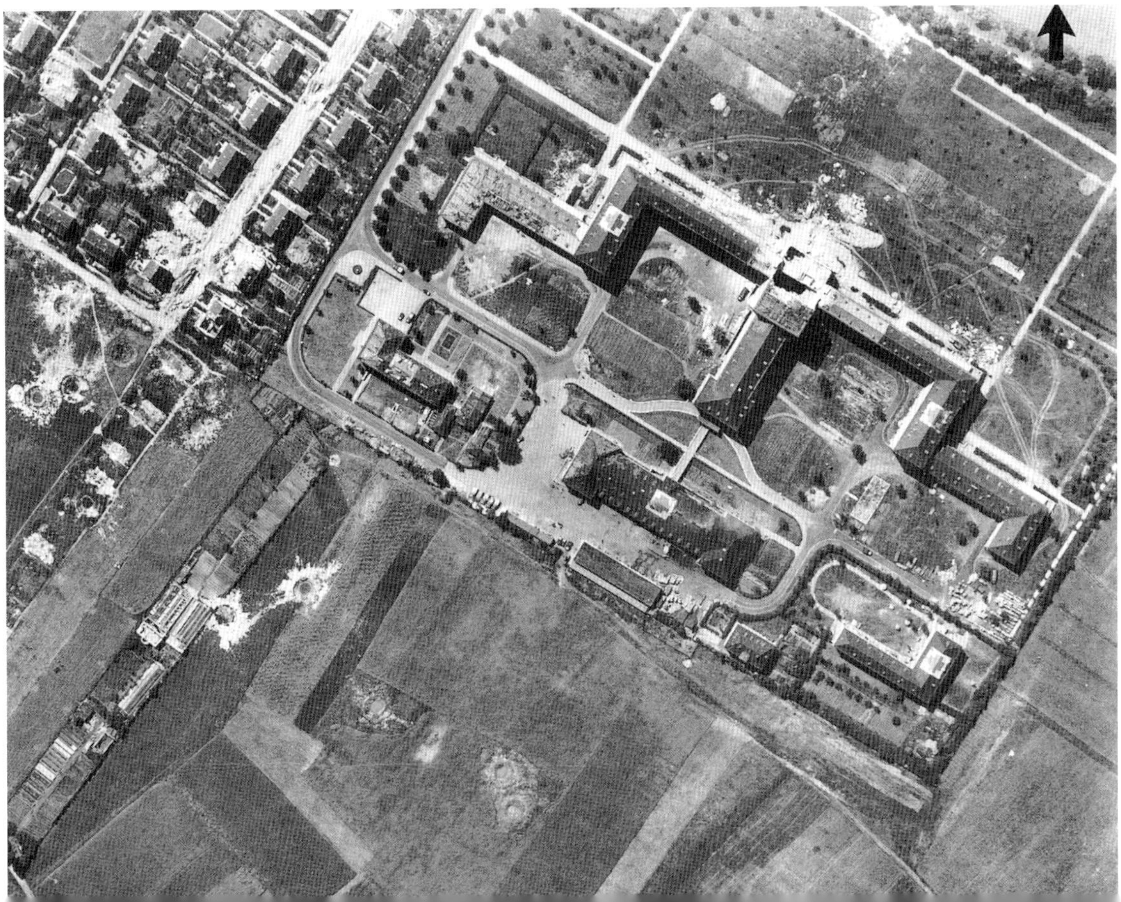

Oben: Grabensystem mit Panzergräben und Erdbunkern um Niederrotterbach südöstlich von Bad Bergzabern am 19. März 1945.

Unten: Ein schwer beschädigtes Lazarett in Nürnberg-Schweinau. Noch deutlich sichtbar ist am 23. März 1945 die Rot-Kreuz-Bemalung auf den Dächern.

Oben: Am 17. April 1945 griffen alliierte Bomber mit schweren Minonbomben die Argonnen-Kaserne in Weingarten bei Ravensburg an. Im Vordergrund der Bahnhof.

Unten: Alle Dachziegel der Kemptener-Kaserne sind abgedeckt. Einheimische holen sich noch brauchbares Baumaterial aus den Trümmern.

Rechte Seite.
Vor den stark beschädigten Kasernen in Weingarten stehen zerstörte Wehrmachtsfahrzeuge. Anflug von Südosten.

Abgestellte amerikanische Maschinen am 8. Mai auf dem Flugfeld von Augsburg. Zwischen den ehemaligen Feindmaschinen ist ein Fieseler Storch mit dem deutschen Hoheitszeichen zu erkennen.

Am 30. März 1945 zerstört die 8. USAF eine gut getarnte Ju 88G (Nachtjägerversion) auf ihrem Stellplatz des Fliegerhorstes Gütersloh.

Register

Bildnachweis

Luftbilddatenbank Dr. Hans-Georg Carls Würzburg am Main	2, 10, 14, 15 beide, 16, 18, 19, 22, 23 beide, 24, 25, 26, 27,28, 29, 30 beide, 38, 39, 40 beide, 41 beide, 42 beide, 43, 44beide, 45, 46, 48, 49, 50 beide, 51, 52 beide, 53. 56, 57, 58, 59, 60, 61, 62, 63, 64 beide, 65, 66, 67 beide, 68, 69 beide, 70, 71 beide, 72, 73, 74, 75 beide, 76, 77, 78, 79, 80 beide, 81, 84, 85, 86, 87, 88, 89, 90 beide, 96, 97, 98, 99 beide, 100. 101 beide, 102, 103, 104, 106, 107, 108, 109 beide, 110, 111, 112 beide, 113 beide, 114, 115, 116, 117 beide, 118, 119 beide, 120, 121, 123 beide, 124, 125 beide, 126, 127, 128, 129 beide, 130, 131, 132, 133, 134 beide, 135 beide, 136, 137, 138, 139 beide, 140, 141 beide, 142, 143, 144, 145, 146 beide, 147 beide, 148, 149, 150, 151, 152, 155, 156, 157, 158, 159, 160, 162, 163 beide, 164, 165 beide, 166, 167, 168 beide, 169, 170, 171 beide, 172, 173, ^191, 192, 193, 211, 212, 213 beide, 215, 216, 218, 219, 221 beide, 222, 223, 224, 225, 226, 227, 228, 229 beide, 230, 235, 236, 237 beide, 239, 240, 241, 242, 243, 244 beide, 245, 246, 247, 248 beide, 249, 250, 251, 252, 253, 254, 255, 256 beide, 257, 260 beide, 201, 262 beide
National Air and Space Museum, Smithsonian Institution, Washington D.C. USA	200, 201, 214

National Archives and Records Service, Washington D. C. USA	154, 193, 199
Air Photo Library, University of Keele, Staffordshire England	20, 47, 179 beide, 258 beide
In Beständen der Kartensammlung des J. K. Herder- Instituts, Marburg	176, 177, 178, 180, 181, 182 beide, 183 beide, 184, 185 beide, 186 beide, 187 beide, 188 beide, 190 beide, 194 beide, 196, 197, 198, 207, 208
Archiv Ingeborg Grosholz, Oberursel	203 beide, 204 beide, 205 beide
Götz Bergander, Berlin	202
Stadtarchiv Leipzig	29
Stadtarchiv Plauen	205